ICH LERNE SEGELN

Delius Klasing Verlag

Folgende von Heinz Overschmidt und Ramon Gliewe
im Delius Klasing Verlag erschienenen Bücher
sind noch lieferbar:

Das Bodensee-Schifferpatent A + D
Sportbootführerschein Binnen – Motor
Sportbootführerschein Binnen – Segel/Motor

Die Deutsche Bibliothek – CIP-Einheitsaufnahme

Ich lerne segeln / Overschmidt/Gliewe. (Zeichn.: Ekkehard Schonart;
Hans-Georg Berkau. Fotos: H. G. Kiesel, Kurt Schubert.) –
6. Aufl. – Bielefeld: Delius Klasing, 1995
ISBN 3-7688-0482-8
NE: Overschmidt, Heinz; Gliewe, Ramon; Schonart, Ekkehard

6. Auflage

ISBN 3-7688-0482-8

© Copyright by Delius Klasing & Co, Bielefeld
Titelfoto: Hans-Günter Kiesel
Zeichnungen: Ekkehard Schonart, Hans-Georg Berkau
Fotos: Hans-Günter Kiesel (Seite 70), alle übrigen Kurt Schubert
Printed in Germany 1995
Druck: Kunst- und Werbedruck, Bad Oeynhausen

Alle Rechte vorbehalten! Ohne ausdrückliche Erlaubnis des Verlages darf das
Werk, auch nicht Teile daraus, weder reproduziert, übertragen noch kopiert
werden, wie z. B. manuell oder mit Hilfe elektronischer und mechanischer
Systeme inklusive Fotokopieren, Bandaufzeichnung und Datenspeicherung.

Inhalt

Vorwort	5
Komm mit segeln	6
Eine Jolle — was ist das?	7
Vom Bug zum Heck	9
Wie heißt was?	10
Das Schwert	12
Das Ruder	13
Der Wind, die treibende Kraft	14
Die Kurse zum Wind	15
Steuerbord ist rechts —	
Backbord ist links	16
Leinen los	18
Die Sicherheitsausrüstung	19
Großschot und Traveller	19
Anschlagen des Großsegels	20
Anschlagen der Fock	20
Segelsetzen	24
Belegen und Aufschießen eines Falls	26
Ablegen vom Steg	28
Ablegen von der Boje	31
Ablegen vom Ufer	34
Segeln die Kreuz und die Quer	36
Die Schotführung	36
Wie das Ruder arbeitet	37
Was das Segel tut	37
Am Wind	40
Halber Wind	40
Raumer Wind	41
Vor dem Wind	41
Manövrieren mit den Segeln	42
Wenden	42
Halsen	44
Die Q-Wende	46
Kreuzen	47
Aufschießer und Nahezu-Aufschießer	48
Das Mann-/Boje-über-Bord-Manöver	49
Parken auf dem Wasser —	
der Anker macht's möglich	53
Ankerlichten	54
Glückliche Heimkehr ohne anzustoßen	55
Anlegen an der Boje	56
Anlegen am Steg	59
Anlegen am Ufer	61
Bergen des Vorsegels	64
Bergen des Großsegels	64
Auftuchen des Großsegels	66
Festmachen	67
Rechts hat nicht immer Vorfahrt —	
Ausweichregeln	68
Trapez-Akrobaten	70
Die bunte Blase — Spinnakersegeln	72
Wind und Wetter	74
Dem Boot den Wind aus den Segeln	
nehmen — reffen	76
Reffen mit dem Rollreff	76
Reffen mit dem Bindereff	78
Reffen der Fock	78
Segler für den Naturschutz	80
Knotenstunde	82
Der Achtknoten	84
Der Webeleinstek	84
Eineinhalb Rundtörn und zwei	
halbe Schläge	86
Kreuzknoten	87
Schotstek und doppelter Schotstek	88
Palstek	89
Und wie geht's nun weiter?	90
Der Segelführerschein A und R	90
Aus Seglers Sprachkiste	91
Der Grundschein in Frage und Antwort	93

Vorwort

Es gibt eine große Auswahl an Segellehrbüchern, die den künftigen Segler fast ausschließlich mit dem Lehrstoff für Segelführerscheine bekanntmachen.

Anliegen dieses Buches ist es, dem Anfänger einen leichten und verständlichen Einstieg in den Segelsport zu ermöglichen. Ganz absichtlich haben wir deshalb weitgehend darauf verzichtet, die sonst übliche Segelfachsprache zu benutzen. Bei den Darstellungen der einzelnen Segelmanöver wurde die Erläuterung der komplizierten physikalischen Zusammenhänge ganz bewußt außer acht gelassen.

Ohne theoretisierenden Ballast führt dieses Buch den interessierten Anfänger zielstrebig zum praktischen Jollensegeln. Gleichzeitig enthält es aber alle Unterrichtsinhalte des sogenannten *Segelgrundscheines,* der an vielen deutschen Segelschulen erworben werden kann.

Dieses Buch nimmt den Anfänger an die Hand, um ihn mit der sicheren Handhabung des Bootes vertraut zu machen; es vermittelt nur unerläßlich notwendige theoretische Grundkenntnisse. Das so erworbene Wissen und die erlernten praktischen Fertigkeiten bilden eine sichere und solide Grundlage für einen weiteren Aufstieg in die höheren Sphären des Segelsports.

Heinz Overschmidt
Ehrenpräsident des Verbandes
Deutscher Sportbootschulen

Komm mit segeln

Oft beginnt es so: Man steht an einem sonnigen Sommertag irgendwo auf einem Bootssteg oder an einem südlichen Strand. Vom Wasser her weht eine frische Brise. Dann kommen da ein paar braungebrannte unbekümmerte Typen einher, steigen auf eins der Boote, hantieren hier und dort, ohne sichtbare Anstrengung, an etwas herum – und schon fährt mit einem ratschenden Laut das weiße Segel in die Höhe. Nun bindet einer das Boot vom Steg los und gibt ihm einen leichten Stoß. Oder schiebt es ins hüfthohe Wasser und hechtet hinein. Noch schlägt das Segel ein paarmal hin und her. Da aber zieht schon der andere an der Segelleine, drückt ein bißchen an dem Steuer – das Boot legt sich etwas zur Seite und gleitet lautlos davon. So einfach ist das also, denkt man.

Man denkt das nur so lange, bis man selbst zum erstenmal an Bord eines Segelbootes sitzt. Da geschehen plötzlich höchst verwirrende Dinge rings um einen her. Begriffe bekommt man an den Kopf geworfen, von deren Existenz man nie zuvor etwas gewußt hatte, oder die man doch zumindest bisher in einem ganz anderen Zusammenhang kannte. Von Fallen ist da die Rede, die rein gar nichts mit waidmännischen Fanggeräten zu tun haben, ebensowenig wie Curryklemmen mit einer indonesischen Reistafel. Man hört etwas von Schoten, die man nicht enterbsen kann, von einem mysteriösen Schwert, von Baum, Block und Fock – und bekommt wahrscheinlich schreckliche Minderwertigkeitskomplexe. Spätestens nach der ersten Viertelstunde ist man felsenfest davon überzeugt, die Hohe Kunst des Segelns niemals zu erlernen. Bis man sich überlegt, daß die anderen sie schließlich ja auch nicht mit der Muttermilch in sich aufgesogen haben. Und was die können . . .
Beginnen wir doch gleich!

Eine Jolle – was ist das?

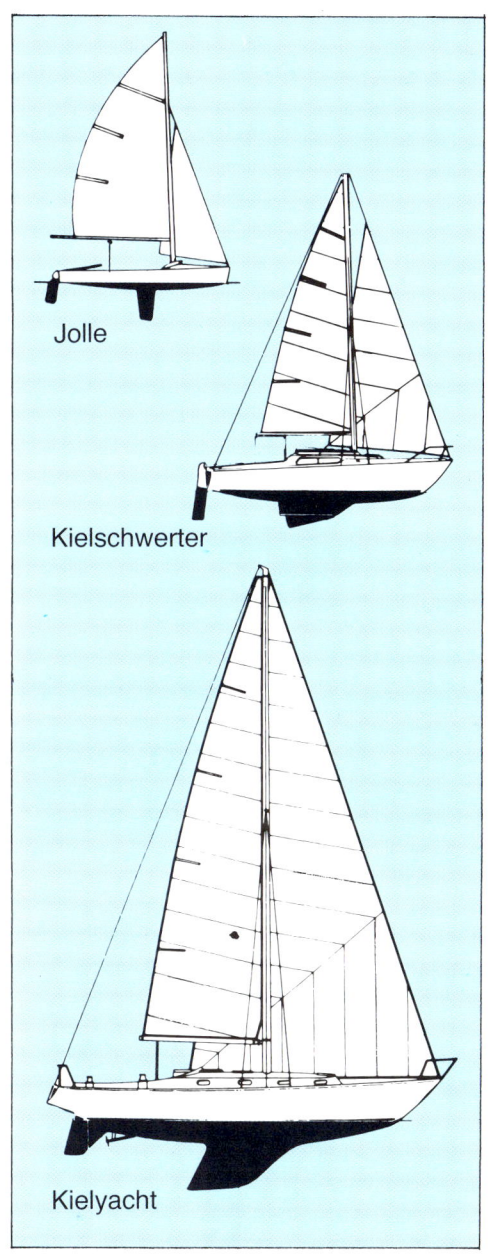

Jolle

Kielschwerter

Kielyacht

Es gibt sehr unterschiedliche Segelbootstypen. Meist wird man seine ersten Segelversuche mit einer Jolle unternehmen. Jollen, das sind offene flache Boote mit einer aufholbaren senkrechten Platte – dem *Schwert* – im Boden. Es verhindert die seitliche *Abdrift* beim Segeln. Mit Jollen kann man bequem Ufer und Strände anlaufen. Da sie jedoch mehr oder minder leicht umkippen – *kentern* – können, gehören sie nicht auf die offene See. Allerdings müssen Jollen genügend Auftriebskörper oder Lufttanks besitzen, um das voll Wasser geschlagene Boot und seine Besatzung – die *Crew* – über Wasser zu halten. Sie sind also unsinkbar.

Kielboote haben ein Ballastgewicht im Kiel und sind deshalb kentersicher. Selbst wenn sie von einer starken Bö um 90° gekrängt, aufs Wasser gedrückt oder gar in einem Sturm „kieloben" gedreht werden – durch den Ballast richten sie sich, wie ein Stehauf-

Der Katamaran: Luftiges Segeln auf zwei Rümpfen.

männchen, immer wieder in die Horizontale empor. Aber – sie können voll Wasser laufen und sinken.

Bei Kielschwertern steckt das aufholbare Schwert in einem flachgehenden Kiel. Sie verbinden den Vorteil eines geringen Tiefgangs – günstig für flache Gewässer und für den Landtransport – mit einer der Schwertjolle weit überlegenen Stabilität, bewirkt durch den Kielballast.

Beim Hubkieler kann der Kiel, mechanisch oder hydraulisch, in den Bootsrumpf einge- fahren werden.

Schließlich, nicht zu vergessen, die Katamarane, meist kurz Kats genannt. Eigentlich sind sie Jollen, wenngleich sie mit ihnen wenig Ähnlichkeit haben. Da gibt es keinen Rumpf mit einem Cockpit, in dem die Crew sitzt, sondern nur zwei Schwimmer, die mit Traversen und einer dazwischen gespannten derben Plane, dem Trampolindeck, verbunden sind. Kats können kentern, genau wie eine Jolle, nur kentern sie schwerer, wegen ihrer ausladenden Breite.

Vom Bug zum Heck

Sehen wir uns so eine Jolle doch mal etwas genauer an. Man kommt dabei nicht umhin, sich ein paar seglerische oder seemännische Bezeichnungen einzuprägen, um nachher an Bord zu wissen, was läuft.
Da ist zunächst der Bootsrumpf. Die „Nase" heißt Bug, das hintere Ende Heck, der Abschluß des Hecks Spiegel. Der Bug ist meist eingedeckt, das offene Cockpit hingegen geht häufig bis zum Spiegel durch. Die Crew sitzt auf dem Seitendeck. In der Mitte des Cockpits befindet sich der Schwertkasten mit dem Senk- oder Steckschwert. Wenn daneben auf dem Cockpitboden Gurte angebracht sind, kann sich die Crew dort mit den Füßen einhaken, wenn sie die Jolle auf der „hohen Kante" ausreitet.
Am Spiegel hängt das Ruder genannte Steuer mit dem Ruderkopf und dem meist absenk- und aufholbaren Ruderblatt. Die „Lenkstange" bezeichnet man als Pinne, die klapp- und schwenkbare Verlängerung als Pinnenausleger.
Auf dem Cockpitboden oder aber auf dem Vordeck steht der Mast. Er wird rechts und links von den Wanten und vorne und hinten von dem Vor- und Achterstag gehalten. Sie sind mit Püttings am Rumpf befestigt. Bei den meisten Jollen allerdings kann auf das Achterstag verzichtet werden. Die Verstagung besteht aus Drahtseilen. Wanten und Stage bezeichnet man als *stehendes Gut*.
Der Mast trägt die Segel. Üblich ist ein Großsegel, oft kurz nur Groß genannt, und ein kleineres Vorsegel – die Fock. Das Groß wird unten an einem rechtwinkelig zum Mast stehenden Baum gefahren. Baum und Mast verbindet der Lümmel, so heißt der Beschlag. Die Bezeichnung der Ecken und Ränder ist bei beiden Segeln gleich: Kopf (oben), Hals (die vordere Ecke) und Schothorn (die hintere). Vorliek heißt der vordere Segelrand, Unterliek der untere und Achterliek der hintere. Häufig dienen in Lattentaschen steckende Segellatten zum Aussteifen des Achterlieks.
Mit dem Groß- und Fockfall werden Groß und Fock gesetzt, das heißt, hochgezogen.
Die Schoten, von Landratten als Segelleinen bezeichnet, regulieren die Stellung der Segel zum Wind. Von der Fockschot führt je ein Ende rechts und links am Mast vorbei aufs Seitendeck. Dort kann es meistens in einer Curryklemme festgesetzt werden. Sie hat zwei bewegliche gezahnte Backen, die sich bei Gegenzug öffnen.

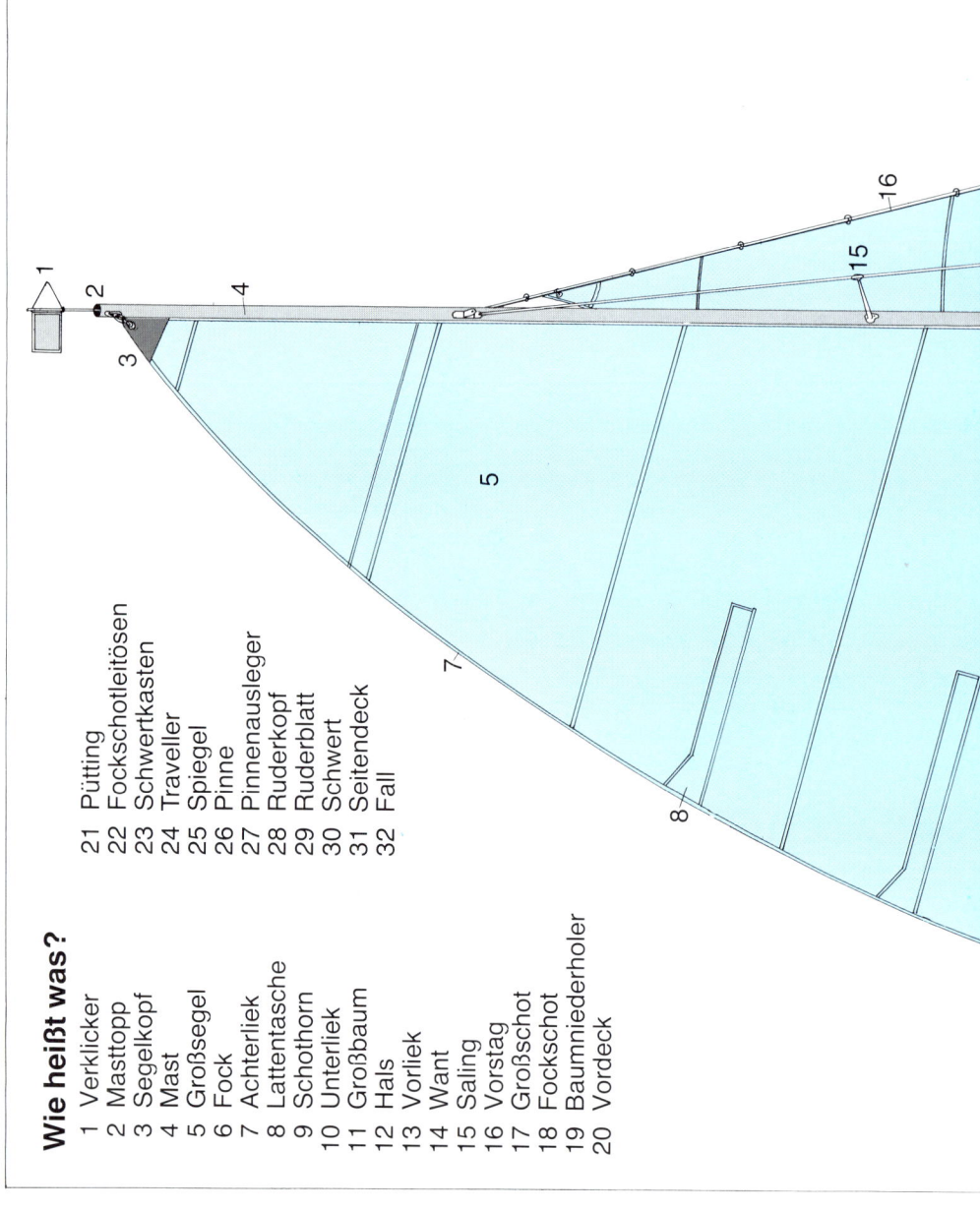

Wie heißt was?

1 Verklicker
2 Masttopp
3 Segelkopf
4 Mast
5 Großsegel
6 Fock
7 Achterliek
8 Lattentasche
9 Schothorn
10 Unterliek
11 Großbaum
12 Hals
13 Vorliek
14 Want
15 Saling
16 Vorstag
17 Großschot
18 Fockschot
19 Baumniederholer
20 Vordeck
21 Pütting
22 Fockschotleitösen
23 Schwertkasten
24 Traveller
25 Spiegel
26 Pinne
27 Pinnenausleger
28 Ruderkopf
29 Ruderblatt
30 Schwert
31 Seitendeck
32 Fall

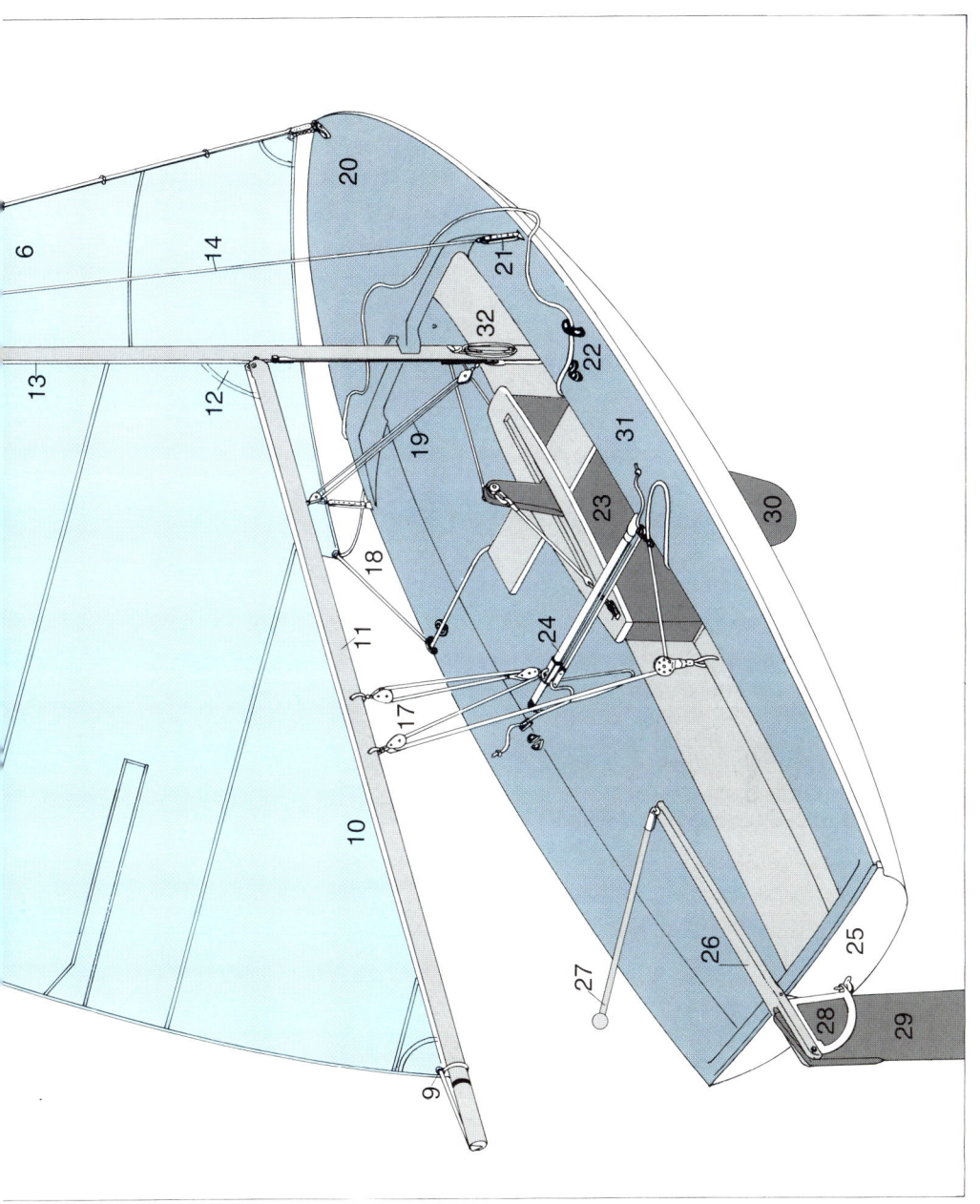

Die Großschot ist eine Art Flaschenzug, der unten am Baum angreift, manchmal aber auch an einem Schotring genannten Bügel sitzt, den man über den Baum hängt. Meist führt die Großschot zu einer quer übers Cockpit verlaufenden Schiene mit einer kleinen Laufkatze, dem Schlitten. Die gesamte Einrichtung nennt sich Traveller. Eine weitere, aber einfachere Talje, die vorne unter dem Baum sitzt, führt von dort zum Mast: der Baumniederholer. Er sorgt dafür, daß der Baum bei achterlichen Winden nicht in die Höhe steigt. Schoten, Fallen und Niederholer zählen zum *laufenden Gut*.
Alles klar – ?

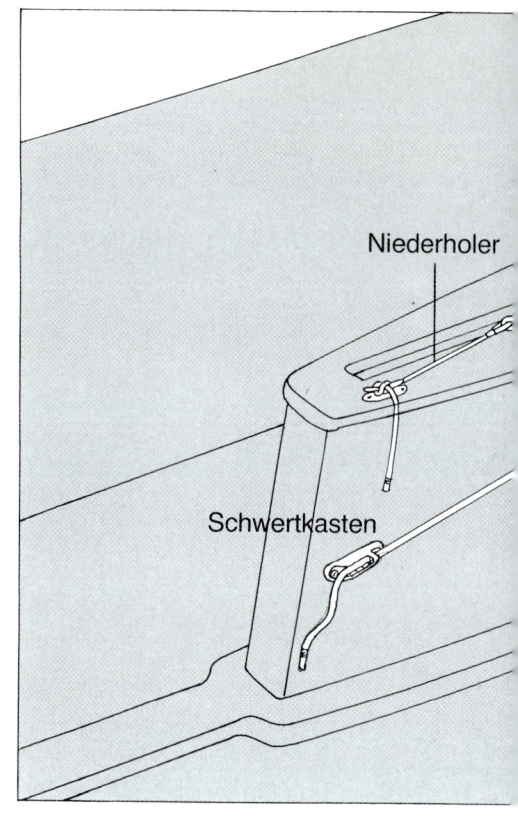

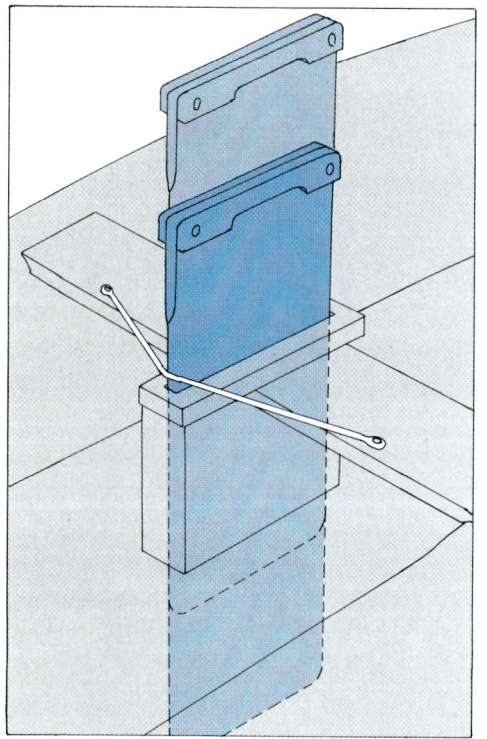

Das Schwert
Es hat eine überaus wichtige Funktion auf einer Jolle, denn ohne Schwert könnte sie gar nicht richtig segeln. Das unten weit aus dem Bootsboden heraussteckende Schwert verhindert das seitliche Wegrutschen des Bootes. Das Schwert sitzt mittschiffs in einem wasserdichten Schwertkasten. Es kann ein einfaches Steckschwert oder ein aufwendigeres Senkschwert sein. Das Steckschwert ist ein loses Brett mit einer Fingerleiste, das senkrecht in den Schwertkasten hineingesteckt und von einem Gummistropp in Position gehalten wird. Das Senkschwert dreht um einen Zapfen im Schwertkasten und wird mit dem Schwertfall aufgeholt und abgesenkt. Oft gibt es noch einen Gummistropp als „Niederholer". Er hält das Schwert gegen die Wasserströmung auf der eingestellten Tiefe. Was so ausgebuffte Segelcracks sind, für die geht es bei der für jeden Kurs richtigen Schwertstellung um Zentimeter.

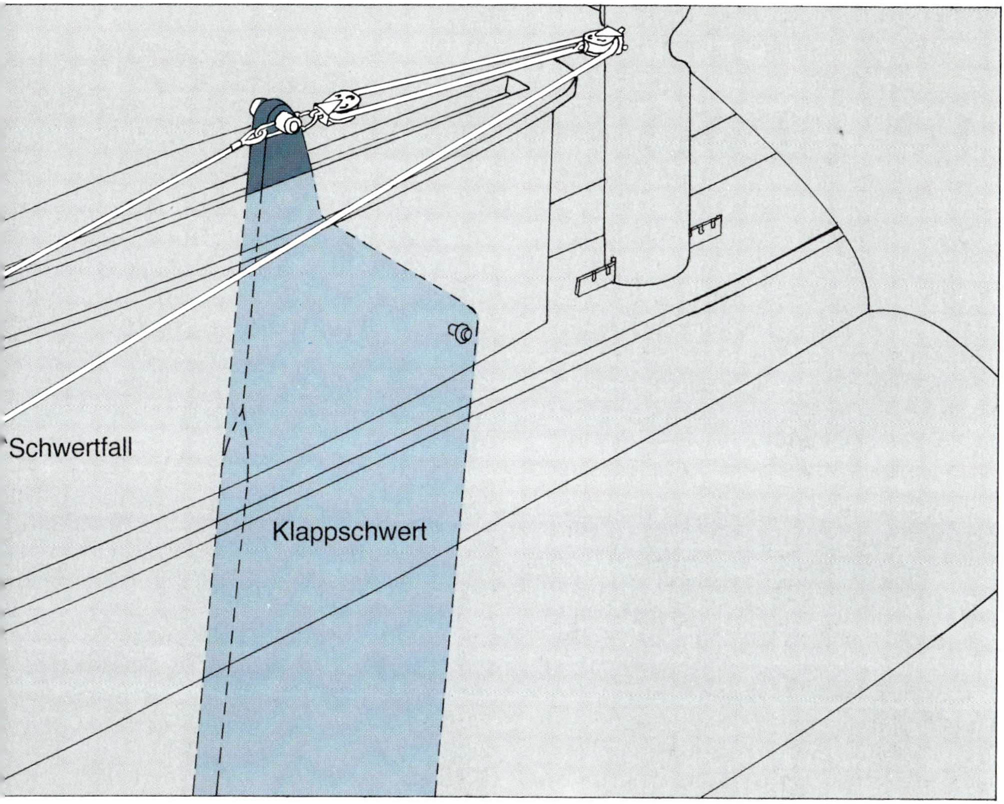

Schwertfall

Klappschwert

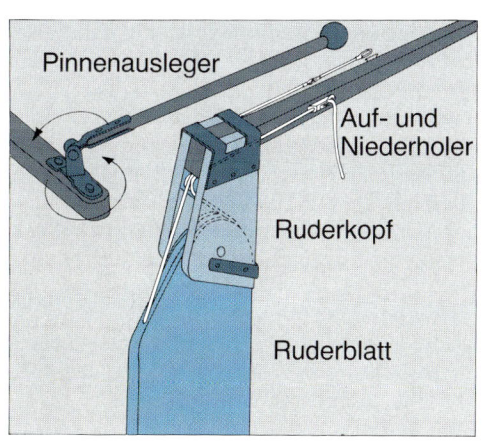

Pinnenausleger
Auf- und Niederholer
Ruderkopf
Ruderblatt

Das Ruder
Es dient – wir sagten es schon – nicht etwa zum Rudern, sondern zum Steuern des Bootes. Es hängt an Zapfen oder Fingern in entsprechenden Beschlägen am Spiegel und kann auf allen Jollen abgenommen werden. Die meisten haben ein zwischen zwei Ruderbacken drehbares Ruderblatt, das man, der Wassertiefe entsprechend, mit einem Ruderfall aufholen oder absenken kann. Manchmal findet man auch ein festes Ruder: Ruderkopf und Ruderblatt bestehen aus einem Stück. Vorsicht damit in flachem Wasser! Man kann es sich leicht wegknacken. Im Ruderkopf steckt die Pinne – die „Lenkstange" –, mit der man das Ruderblatt nach rechts oder links einschlagen kann. Üblich ist ein Pinnenausleger. Nur er ermöglicht dem Steuermann, sich beim Ausreiten auf dem Seitendeck weit außenbords zu hängen. Diese Pinnenverlängerung sitzt meist in einem Kardangelenk auf der Pinne und kann daher in alle Richtungen geschwenkt oder geklappt werden.

13

Der Wind,
die treibende Kraft

Der Antriebsmotor eines Segelbootes ist der Wind. Deshalb steht am Anfang der Segelei die Überlegung: Wie kann ich den Wind am besten in Fahrt mit dem Boot umsetzen?
Vor dem Wind segelt auch ein Bund Stroh, behauptet ein alter Seglerschnack. Was nichts anderes besagen soll, als daß es keine Kunst ist, vor dem Wind zu segeln. Der Wind drückt ungefähr rechtwinklig auf das Segel und schiebt das Boot unten dran vorwärts. Immer wieder aber verblüfft es Landratten, daß ein Boot anscheinend auch gegen den Wind ansegeln kann. Genau gegenansegeln kann jedoch niemand. Für jedes Segelboot gibt es einen bestimmten Sektor zum Wind, in dem es nicht mehr voraus segelt, sondern mit *killenden* (schlagenden) Segeln stehen bleibt und schließlich sogar rückwärts treibt. Es ist dies in etwa ein Sektor von 90° — jeweils 45° links und rechts von der Windrichtung. Zwischen diesem „toten" Sektor und dem Segeln „platt vorm Laken", das heißt, mit Wind genau von hinten, liegen mehrere Kurse zum Wind, die jeweils eine andere Segelstellung erfordern und ihre eigene Bezeichnung haben.
Wie aber kommt's denn nun, daß ein Boot überhaupt in einem Winkel von ungefähr 45° gegen den Wind ansegeln kann? Sehr vereinfacht ausgedrückt: Der Wind erzeugt einen Druck auf die Segelfläche. Dieser Druck überträgt sich auf den darunter „hängenden" Bootskörper, der nun das Bestreben hat, unter diesem Druck zur Seite auszuweichen. Dem aber stemmt sich das Unterwasserschiff mit Kiel oder Schwert und Ruder entgegen.

So weicht das Boot in die Richtung des geringsten Widerstandes aus — nach vorne. Allerdings kann das Unterwasserschiff nicht ganz verhindern, daß das Boot auch etwas zur Seite versetzt wird. Dies nennt man *Abdrift*.
Es kommt aber noch etwas hinzu: Auf der Rückseite des Segels entsteht ein Unterdruck, der einen voraus gerichteten Sog ausübt. Darüber hinaus spielen sich am und ums Segel recht komplizierte aerodynamische Vorgänge ab, die jenen an der Tragfläche eines Flugzeuges sehr ähnlich sind.
Was Segelneulinge anfänglich manchmal etwas verwirrt, sind der *wahre* und der sogenannte *scheinbare Wind*. Als „wahr" bezeichnet man den Wind, der tatsächlich weht. Seine Richtung und Stärke kann man auf einem Boot nur dann feststellen oder messen, wenn es fest am Steg liegt. Sobald es jedoch losgemacht worden ist und Fahrt aufnimmt, werden Richtung und Stärke durch den Fahrtwind beeinflußt. Der wahre Wind wandelt sich zum scheinbaren. Nur der scheinbare Wind ist an Bord spürbar, er ist der Segelwind. Nur die Richtung des scheinbaren Windes zeigt, während der Fahrt, der *Verklicker* an, eine Art Wetterfahne auf der Mastspitze. Je schneller ein Boot segelt, um so stärker wird verständlicherweise der Fahrtwind und um so mehr weicht die Richtung des scheinbaren Windes von der des wahren Windes ab. Der scheinbare Wind kommt stets mehr von vorne als der wahre, ausgenommen, wenn man direkt vorm Wind segelt. Da fallen wahrer und scheinbarer Wind zusammen.
Achtung! Weil der scheinbare, also der Segel-

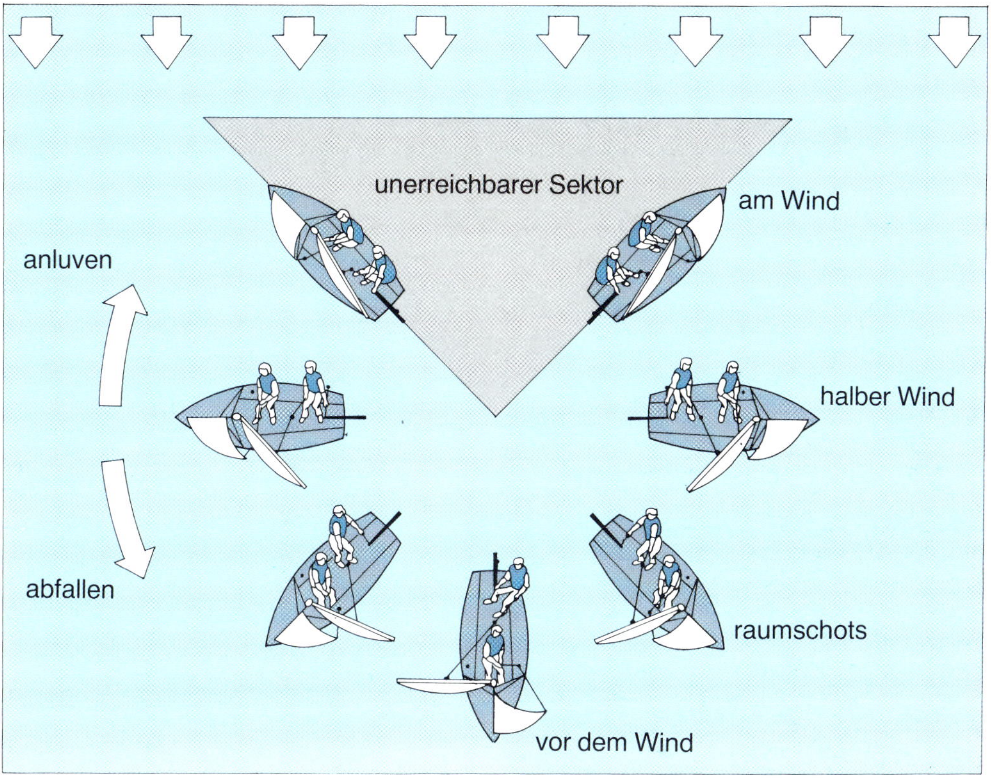

unerreichbarer Sektor — am Wind — anluven — halber Wind — abfallen — raumschots — vor dem Wind

Kurse zum Wind

Zwischen dem nicht mehr zu befahrenden Sektor am Wind und dem Segeln „platt vorm Laken", das heißt, mit dem Wind genau von hinten, liegen mehrere Kurse. Sie haben ihre eigenen Bezeichnungen und erfordern jeweils eine andere Segelstellung. Alle diese Kurse zum Wind können über die rechte Bootsseite oder die linke Bootsseite gesegelt werden. An ihrer Bezeichnung ändert sich dabei nichts.

wind auf allen Kursen, je nach Geschwindigkeit des Bootes, aus einer etwas anderen Richtung weht, ist er kaum oder gar nicht zeichnerisch darzustellen. Deshalb symbolisieren die Windpfeile auf unseren Zeichnungen immer die Richtung des wahren Windes.

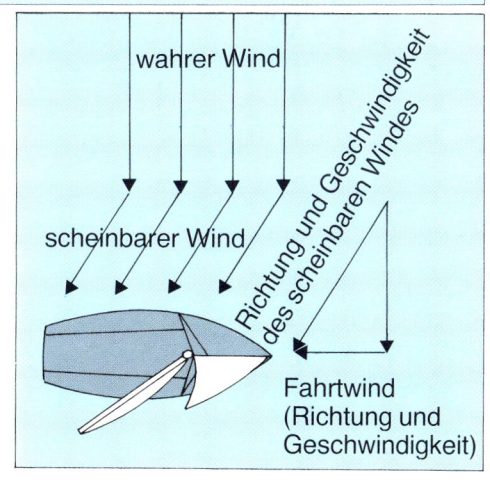

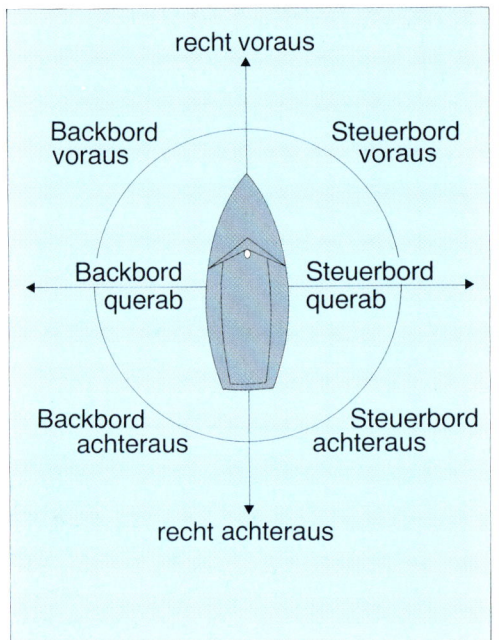
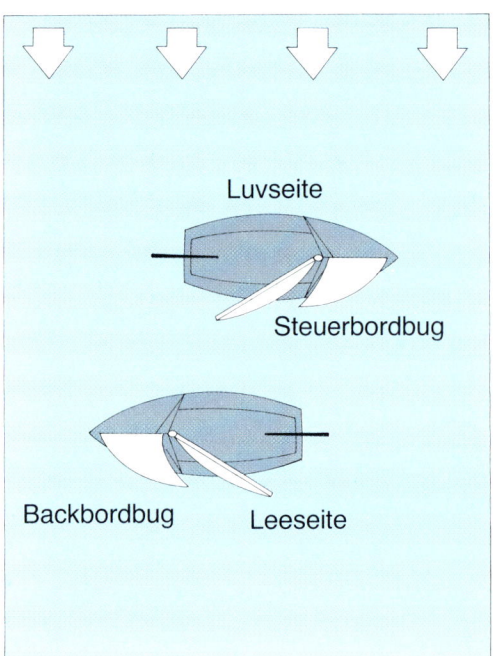

Steuerbord ist rechts – Backbord ist links

Rechts und links gibt's auf dem Wasser nicht. Die rechte Bootsseite bezeichnet der Seemann als Steuerbord, die linke als Backbord. Immer in Fahrtrichtung gesehen, von hinten, vom Heck, nach vorne zum Bug. Alles, was vor einer gedachten Querschiffslinie (querab) in Sicht kommt, liegt voraus. Alles, was sich dahinter abspielt, befindet sich achteraus. Die entsprechenden Sektoren bezeichnet man als Steuerbord und Backbord voraus, bezie-

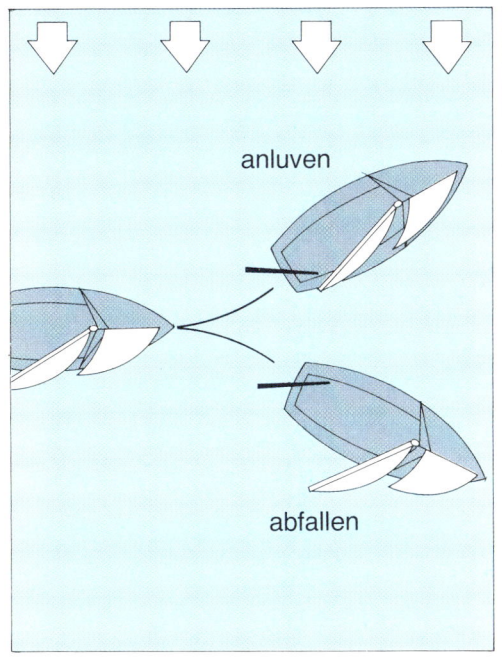

hungsweise achteraus. Und was sich in der Verlängerung der Mittschiffslinie befindet, liegt recht voraus, beziehungsweise recht achteraus. Denn „recht" heißt genau, exakt.

Mit zwei weiteren Begriffen aus der Seefahrt wird man als Segler ständig konfrontiert: mit Luv und Lee. Der Wind weht von Luv nach Lee. Oder anders: Luv ist die dem Wind zugekehrte Seite des Bootes, Lee die vom Wind abgekehrte Seite. Anluven heißt denn auch, den Bug an den Wind heransteuern. Vom Wind wegdrehen, nach Lee also, hingegen bezeichnet man als abfallen. Das Großsegel steht immer auf der Leeseite. Das spielt später bei den Ausweichregeln eine wichtige Rolle.

Lernen wir gleich noch etwas hinzu, mit dem wir wahrscheinlich schon bald nach dem Lossegeln zum erstenmal Bekanntschaft machen werden: mit dem Steuerbord-Bug und dem Backbord-Bug. Die machen Segelneulingen manchmal etwas Kopfzerbrechen, weil sie anscheinend so gar nichts mit dem Bug, der „Nase" des Bootes, zu tun haben. Steuerbord- und Backbord-Bug bezeichnen schlicht die Seite, auf der jeweils das Großsegel gefahren wird. Sie ist also immer identisch mit der Leeseite. Das zu wissen ist besonders wichtig, wenn man vor dem Wind segelt, weil man dann das Großsegel beliebig an Steuerbord oder Backbord führen kann. Entsprechend wechseln Luv und Lee.

Eigentlich doch alles recht logisch – oder?

Leinen los

Sie werden allmählich etwas ungeduldig und möchten endlich aufs Wasser? Gut! Gehen wir also zum Bootssteg runter.

Segelklar machen

Da also liegt das Boot, ordentlich festgemacht und sehr wahrscheinlich mit einer schützenden Plane – der *Persenning* – sauber abgedeckt. Bevor Sie nun die Segel setzen und auf große Fahrt gehen können, sind zunächst noch verschiedene Dinge zu tun. Segelklar machen nennt sich das.
Zunächst nehmen Sie die Persenning ab und legen sie sorgfältig zusammen. Ordnung ist bekanntlich das halbe Leben – und das gilt ganz besonders an Bord. Auf dem Boden des Bootes, in der *Bilge,* kann sich Wasser angesammelt haben. Das muß rausbefördert werden. Entweder mit einem *Ösfaß,* einer breiten flachen Schöpfkelle, oder einer *Pütz,* einem kleinen Eimer.
Danach folgt ein prüfender Rundblick, ob die Drähte von Wanten und Stagen – dem *stehenden Gut* – nicht irgendwo beschädigt sind oder die Fallen und Schoten schadhafte Stellen haben. Ist für jeden eine Rettungsweste an Bord? Sie muß „seefest", aber dennoch leicht zugänglich verstaut werden. Genauso wie die übrige Ausrüstung: beispielsweise der Anker mit einer Leine, die beiden Stechpaddel und der mitgebrachte persönliche Kram.
So, jetzt können Sie sich den Segeln zuwenden. Vorher aber – ganz wichtig! – müssen Sie sich darüber klar sein, woher der Wind weht. Dies erkennt man am besten an einer Flagge an Land, an Rauch oder aber am Verklicker auf dem Mast. Der Bug des Bootes muß nämlich genau im Wind liegen. Sonst kann man die Segel nicht setzen. Dazu wird man meistens die hintere Festmacheleine – die *Achterleine* – loswerfen müssen. So, nur vorne festgehalten, kann sich das Boot selbst wie eine Windfahne in Windrichtung stellen. Nun ist natürlich auch denkbar, daß der Wind so ungünstig zum Steg weht, daß man das Boot dort gar nicht in den Wind legen kann. Dann muß man es zu einer anderen Stelle im Hafen paddeln oder ziehen, wo man es an einem Pfahl (Poller) oder einer Boje passend in Windrichtung festmachen kann.
Los geht es mit der Großschot. Auf einigen Jollen bleibt sie ständig am Baum. Auf anderen wird sie abgenommen und jedesmal zum Segeln neu *angeschlagen* (festgemacht). Oben am Baum und unten am Cockpitboden. Das Ende der Großschot sichern Sie mit einem *Achtknoten,* damit sie nicht ausrauschen kann. Das lose Ende ziehen Sie in

Die Großschot
Es gibt recht unterschiedliche Großschotführungen und -systeme. Im Prinzip aber laufen sie alle auf zwei Grundarten hinaus: 1. Fest am Baum angebrachte Blöcke – so nennen sich die Rollen, über die die Schot läuft. 2. Ein abnehmbarer Schotring. Er erlaubt, das Segel auf den Baum zu rollen und auf diese Weise die Segelfläche zu verkleinern.
Auf dem Travellerschlitten kann der Schotblock hin und her gleiten und mit den Führungsleinen in jeder gewünschten Position arretiert werden. Mit dem Traveller läßt sich ein optimaler Stand des Großsegels bei unterschiedlichem Wind erreichen.

Was man dabei haben muß
1 Eine Rettungsweste für jedes Besatzungsmitglied
2 Ösfaß, eine Art Schöpfkelle
3 Anker mit Leine
4 Zwei Stechpaddel
Nützlich ist auch ein Schwamm, um Wasserreste vom Boden aufzunehmen und zum Säubern des Bootes. Eine wasserdichte Taschenlampe für alle Fälle kann nicht schaden. Und warme Kleidung nicht vergessen, eventuell Ölzeug.

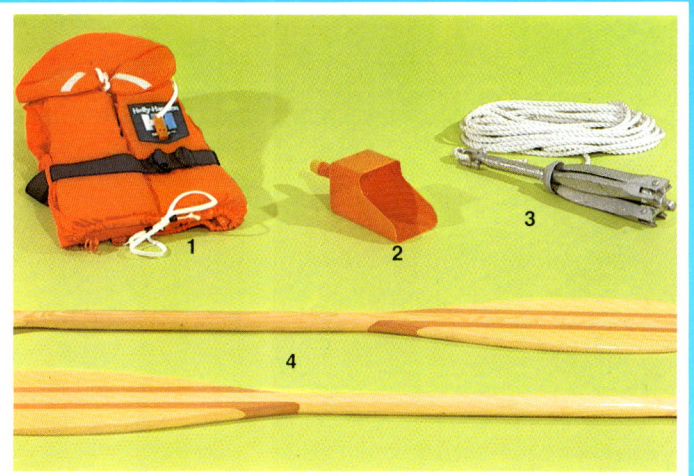

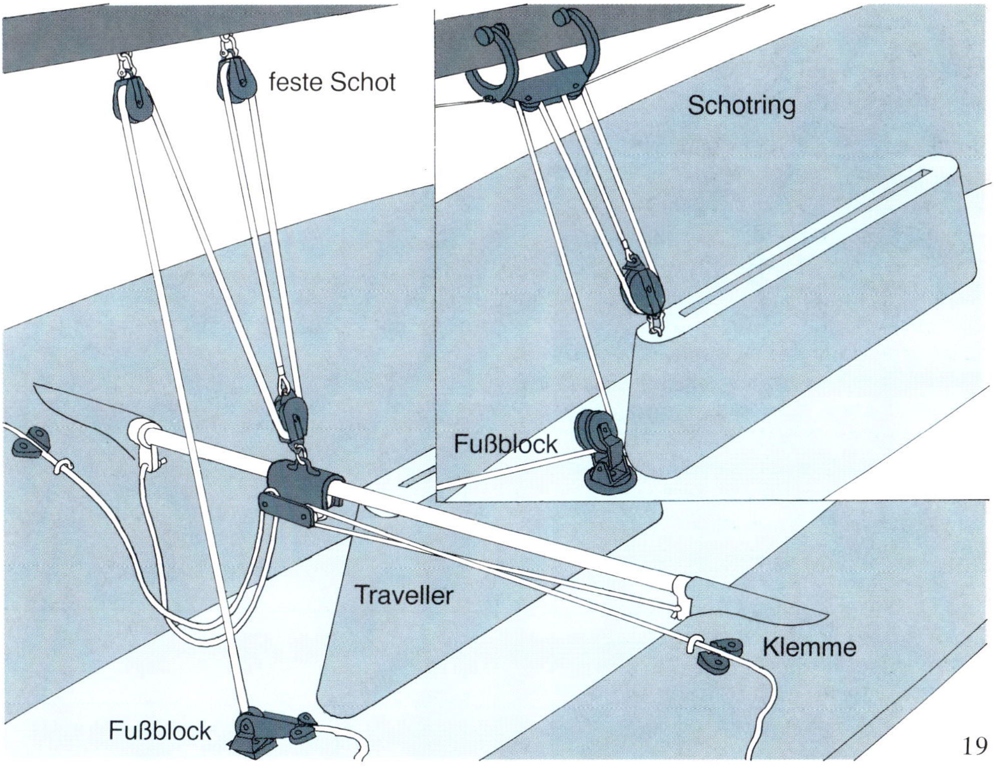

ganzer Länge durch die Hand, um zu sehen, ob es klar läuft. Dann legen Sie es im Boot so zurecht, daß es sich nicht *vertörnen* (verwirren) kann.

Das **Großsegel** bleibt manchmal am Baum angeschlagen. Dann brauchen nur die Bändsel gelöst zu werden, die das Segel zusammenhalten. Achten Sie dabei darauf, daß das gesamte Tuch auf einer Seite des Baumes ins Boot fällt.

Meistens aber harrt die Arbeit des Segelanschlagens noch des künftigen Seefahrers. Auch kein Problem. Man holt das Groß aus seinem Segelsack und zieht das Unterliek, beginnend mit dem Schothorn, locker in die dafür vorgesehene Nut im Baum. Jetzt erst den Segelhals vorne festmachen und dann das Schothorn stramm nach hinten zum Baumende ausholen und dort festbändseln.

So, und jetzt lassen Sie das Vorliek – vom Segelhals beginnend bis zum Segelkopf – durch die Hand gleiten, um sicher zu sein, daß es nicht vertörnt ist. Nun das Großfall lösen und den Segelkopf anschäkeln. Dann wird der Kopf mit dem Vorliek etwa eine Handbreit in die Mastnut eingeführt und das Fall wieder an seiner *Klampe* festgemacht, *belegt*, wie es seemännisch heißt. Sind Segellatten vorhanden, werden sie in ihre Taschen gesteckt. Damit sind alle Vorbereitungen zum Setzen des Großsegels getroffen.

Jetzt fehlt nur noch das **Vorsegel** – die Fock. Sie steckt normalerweise immer zusammengerollt in einem Segelsack. Sie holen sie heraus und rollen sie auf dem Vordeck aus. Das Vorliek erkennen Sie leicht an der eingenähten Drahttau-Verstärkung. Es ist dann auch gar nicht schwer, den Kopf am spitz zulaufenden Teil des Segels und das Schothorn und den Segelhals zu finden. Zuerst den Segelhals an dem entsprechenden Bugbeschlag anschäkeln. Am Vorliek befinden sich häufig Haken oder Federschnapper – die *Stagreiter*. Sie werden, vom Segelhals beginnend, auf das

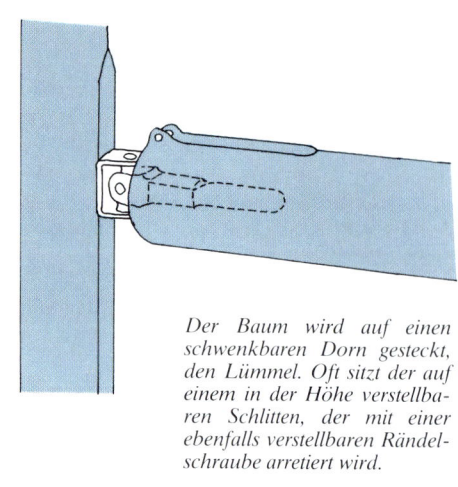

Der Baum wird auf einen schwenkbaren Dorn gesteckt, den Lümmel. Oft sitzt der auf einem in der Höhe verstellbaren Schlitten, der mit einer ebenfalls verstellbaren Rändelschraube arretiert wird.

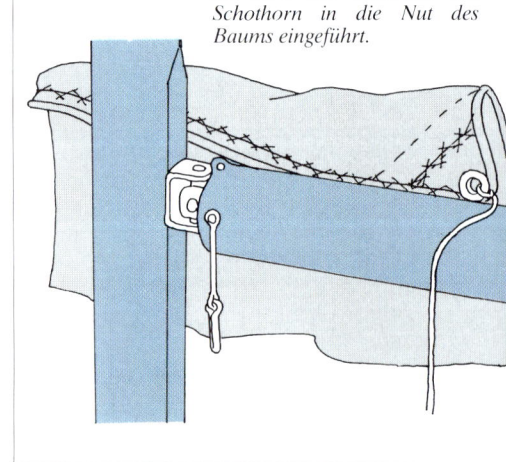

So wird das Unterliek am Schothorn in die Nut des Baums eingeführt.

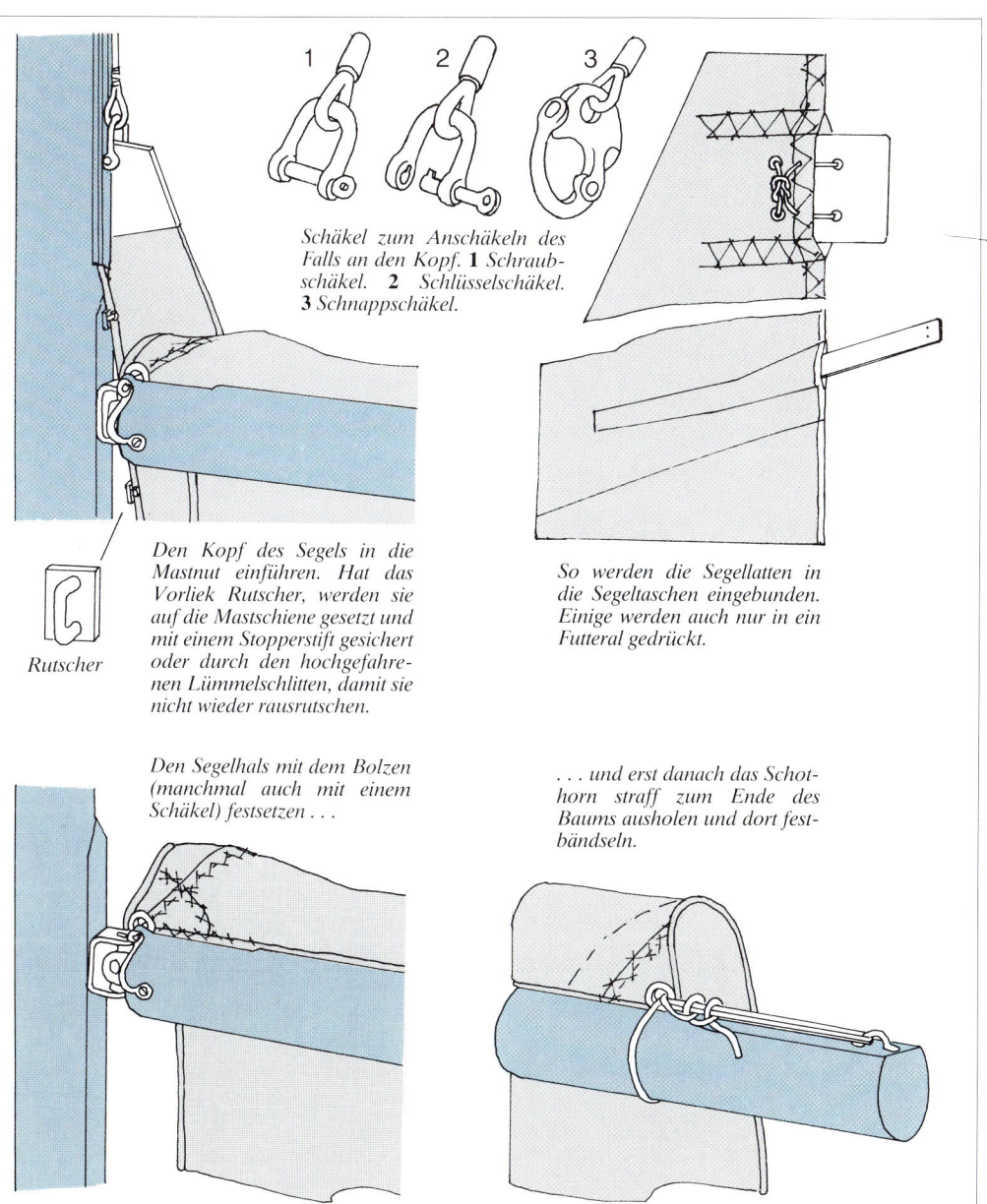

Schäkel zum Anschäkeln des Falls an den Kopf. **1** Schraubschäkel. **2** Schlüsselschäkel. **3** Schnappschäkel.

Rutscher

Den Kopf des Segels in die Mastnut einführen. Hat das Vorliek Rutscher, werden sie auf die Mastschiene gesetzt und mit einem Stopperstift gesichert oder durch den hochgefahrenen Lümmelschlitten, damit sie nicht wieder rausrutschen.

So werden die Segellatten in die Segeltaschen eingebunden. Einige werden auch nur in ein Futteral gedrückt.

Den Segelhals mit dem Bolzen (manchmal auch mit einem Schäkel) festsetzen . . .

. . . und erst danach das Schothorn straff zum Ende des Baums ausholen und dort festbändseln.

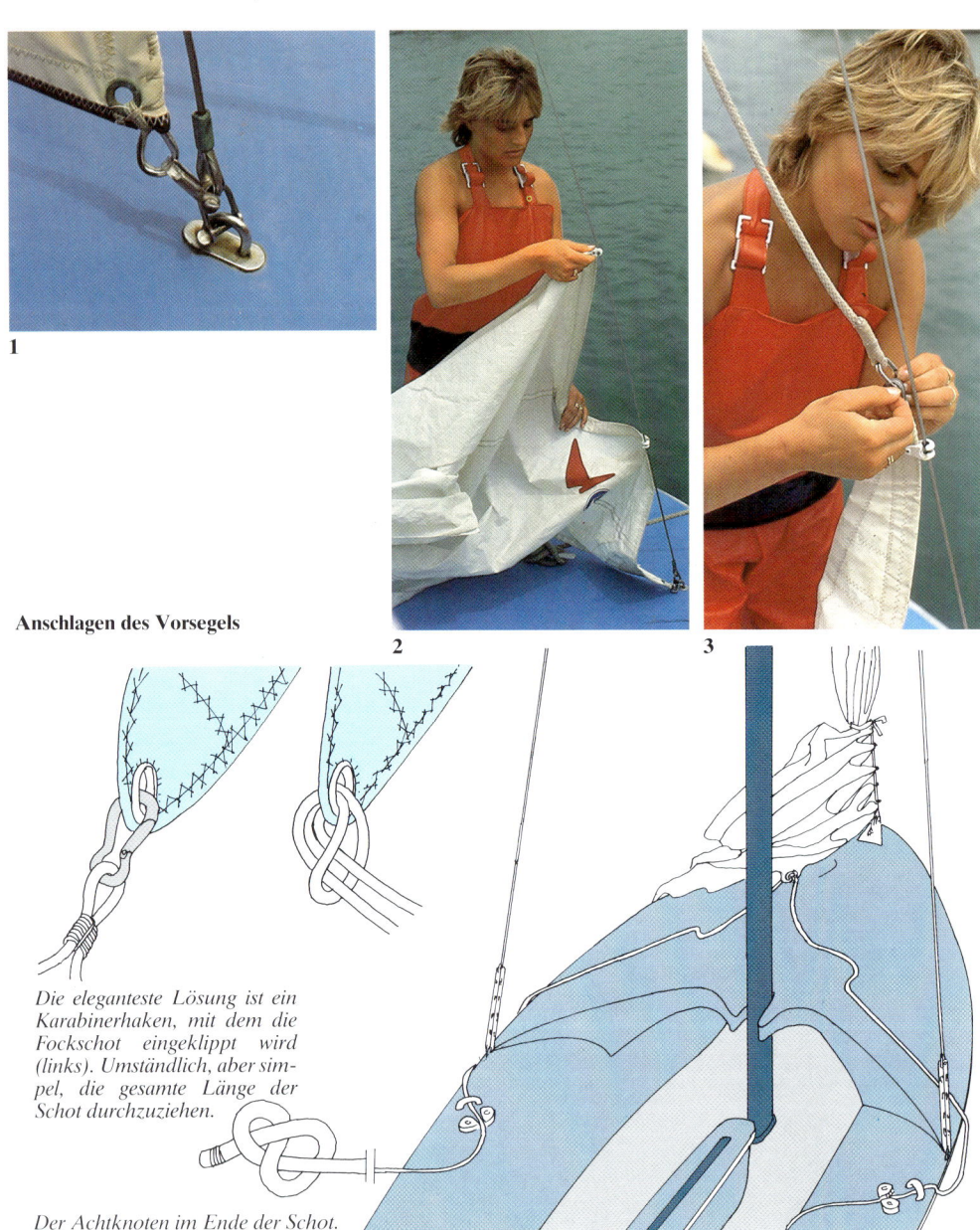

Anschlagen des Vorsegels

Die eleganteste Lösung ist ein Karabinerhaken, mit dem die Fockschot eingeklippt wird (links). Umständlich, aber simpel, die gesamte Länge der Schot durchzuziehen.

Der Achtknoten im Ende der Schot.

1. *Zunächst den Segelhals am Vorstagbeschlag anschäkeln.*
2. *Dann die Stagreiter, von unten beginnend, auf das Vorstag setzen.*
3. *Schließlich den Segelkopf am Fall anschäkeln.*
4. *Als nächstes wird die Fockschot am Schothorn eingeknotet oder angeschäkelt. Dann nimmt man die beiden Enden der Fockschot außen um die Wanten herum und fädelt sie durch ihre Leitösen auf dem Seitendeck. Mit einem Achtknoten sichert man sie gegen Ausrauschen. Damit die angeschlagene Fock nicht hoch oder ins Wasser weht, sichert man sie mit ein oder zwei Bändseln oder Gummistropps am Vorstag.*

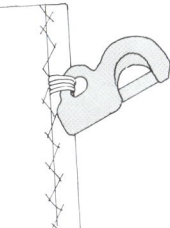

Ein gebräuchlicher Stagreiter mit Federschnäpper (muß ans Vorliek angenäht werden).

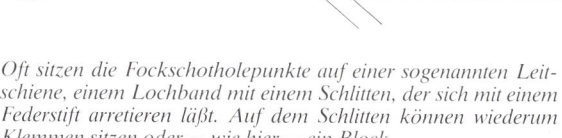

Oft sitzen die Fockschotholepunkte auf einer sogenannten Leitschiene, einem Lochband mit einem Schlitten, der sich mit einem Federstift arretieren läßt. Auf dem Schlitten können wiederum Klemmen sitzen oder – wie hier – ein Block.

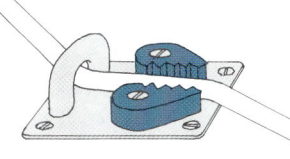

Fockschotleitöse kombiniert mit einer sogenannten Curryklemme, wie sie auch an der Großschot üblich ist (zwei gezahnte Backen, die sich bekneifen und nur bei Gegenzug öffnen).

Vorstag gesetzt. Nun das Fockfall von seiner Klampe nehmen und den Segelkopf anschäkeln. Achtung – das freie Ende des Falls nicht aus der Hand lassen! Es hat nämlich die häßliche Angewohnheit, in den Mast hochzuflitzen. Dann das Ende des Falls wieder auf der Klampe belegen.

Um das Vorsegel später bedienen zu können, benötigen Sie noch eine Fockschot. Sie wird so in das Schothorn geknotet, daß zwei gleichlange Enden entstehen. Einfacher haben Sie es, wenn die Fockschot bereits so vorbereitet ist, daß sie nur noch am Schothorn angeschäkelt oder eingepickt zu werden braucht. Die Enden der Fockschot jetzt außen um die Wanten herumnehmen und durch die Leitösen oben auf dem Seitendeck ziehen und mit einem Achtknoten vorm Ausrauschen sichern. Damit ist auch das Vorsegel „klar zum Setzen".

Da aber das Großsegel stets zuerst gesetzt wird, sollten Sie unbedingt die auf dem Vordeck liegende Fock mit Bändseln oder Gummistropps zusammenhalten, damit sie keinen Wind fängt und hochweht oder zu schlagen beginnt. Man kann sie, in Ermangelung von Bändseln, auch einfach mit der Fockschot am Vorstag „anleinen".

Als letzten Handgriff vor dem Segelsetzen senken wir Schwert und Ruderblatt etwa auf die Hälfte ab, damit die im Wind liegende Jolle eine größere Stabilität gewinnt. Sofern das Schwertfall keine Markierung hat, läßt man das Schwert ganz herab und holt es dann etwa zur Hälfte wieder auf. Beim Ruderblatt gibt's keine Probleme, denn man sieht, wenn es zur Hälfte abgesenkt ist.

Die Aufgabenteilung

Üblicherweise wird man an Bord einer Jolle zu zweit sein. Entsprechend ist die Aufgabenteilung. Einer übernimmt Ruder und Großschot. Er ist nun aber nicht etwa der Rudermann, sondern der Steuermann. Nur auf großen Yachten bezeichnet man ihn als „Rudergänger". Ist er weiblichen Geschlechts, darf er sich natürlich auch Steuerfrau nennen. Der andere ist der Vorschoter. Ohne ihn läuft nichts: Ihm obliegt das Setzen und Bergen der Segel, das Bedienen der Vorleine beim Ab- und Anlegen und der Fock- oder Vorschot beim Segeln. Damit das auf die Dauer nicht frustrierend wirkt, sollten beide ihre Jobs häufiger tauschen. Bei Segelneulingen ist das sogar unerläßlich. Nicht wegen des Frusts, sondern nur so ist es möglich, daß sie beide das Boot sicher beherrschen lernen.

Noch etwas muß gleich zu Anfang klargestellt werden: Wer jeweils Steuermann oder -frau ist, hat das Sagen an Bord. Ausgenommen natürlich, ein erfahrener Segler oder Segellehrer ist als Instruktor dabei.

Segelsetzen

Unser Boot liegt also (hoffentlich!) noch immer genau mit der Nase im Wind. Zuerst wird stets das **Großsegel** gesetzt. Der Vorschoter löst das Großfall von der Klampe – es befindet sich auf allen Booten immer an der Steuerbordseite des Mastes – und zieht das Groß, Hand über Hand, hoch. Wenn der Steuermann dabei den Baum etwas anhebt, läßt sich das Fall besser steif durchsetzen. Dann das Fall wieder belegen, das lose Ende ordentlich *aufschießen* und über die Klampe hängen. So hat man es im Boot nicht unter den Füßen, und es kann jederzeit leicht wieder gelöst werden. Abschließend den Baumniederholer – sofern vorhanden – steif durchsetzen.

Nun kommt die **Fock** an die Reihe. Die Bändsel abnehmen und das Fall – das sich immer an der Backbordseite des Mastes befindet – so steif durchsetzen, daß das Vorstag gerade etwas locker kommt. Das erreichen Sie am besten, indem Sie mit einer Hand das

Vorstag zum Mast hinziehen und gleichzeitig das Fall stark nachspannen und belegen. Das freie Ende wird genauso aufgeschossen wie das Großfall.
Ihnen erscheint das alles noch etwas verwirrend und umständlich? Macht nichts!

Das sieht nur beim ersten Mal so aus. Beim nächsten Mal sitzen die meisten Handgriffe schon. Und später sind Segelklarmachen und Segelsetzen eine Augenblickssache.

Großsegel setzen
Das Fall von der Klampe nehmen und das Segel hochziehen. Bei Segeln, die in einer Mastnut laufen, muß das Vorliek von Hand nachgeführt werden, damit es sich nicht in der Nut verklemmt. Um das Fall richtig steif durchsetzen zu können, den Baum anheben. Allerdings sollte man zuvor Lose in die Großschot geben.

Zum Schluß den Baumniederholer einpicken, den heute die meisten Jollen haben. Es ist üblicherweise ein Drahtstropp mit einer kurzen Tautalje. Der untere der beiden Blöcke ist meist mit einer Klemme kombiniert.

25

 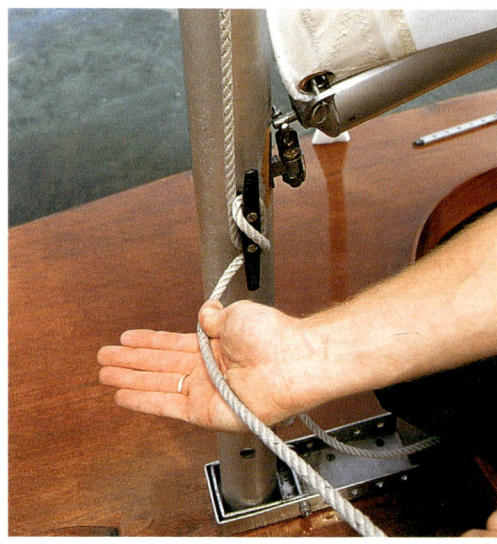

Belegen *Mit dem Fall einmal vollständig um den Steg der Klampe gehen,*

die Klampe kreuzen und hinter dem unteren Horn rumgehen,

Leine aufschießen *Das Fall ziemlich dicht hinter der Klampe in gleichlangen Buchten „aufwickeln",*

durch den Bunsch hindurchgreifen, das „feste" Ende nach vorne durchholen,

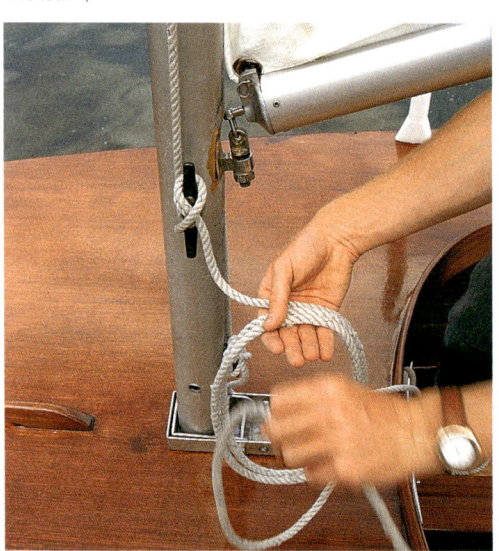 

nochmal kreuzen, ein Auge ins Fall drehen,

das über Kreuz über das obere Horn der Klampe gelegt und zusammengezogen wird. Das nennt man Kopfschlag.

eine Drehung der Hand um 180°, und man hat ein Auge in dem Ende,

das über das obere Horn der Klampe gehängt wird.

Ablegen vom Steg

Zuerst müssen wir uns darüber klar werden, wie und nach welcher Seite wir ablegen wollen. Das geschieht in einer kurzen, sogenannten Manöverbesprechung. Das hat nun aber gar nichts mit militärischer Übung zu tun. Der Segler spricht von Ab- und Anlegemanövern, Segel- oder Ankermanövern, von einem Mann-über-Bord- oder Überholmanöver.

Ideal ist es, wenn man ringsrum und hinter sich genügend Platz hat. Dann braucht der Vorschoter nur die Vorleine loszuwerfen, den Bug kräftig vom Steg abzusetzen und gleichzeitig zur Seite zu drücken – der Steuermann legt das Ruder auf „abfallen" vom Steg weg – Fock und Großschot werden, in dieser Reihenfolge, angeholt – und ab geht's.

Aber nicht immer sind die Verhältnisse so ideal. Da muß man das Boot eventuell rückwärts von Steg oder Boje wegsegeln. Sehen wir uns das Manöver mal an.

In unserem Beispiel wollen wir nach Steuerbord ablegen. Der Steuermann setzt sich auf der Backbordseite ans Ruder, legt auch das Ruderblatt nach Backbord und überzeugt sich, daß der Raum hinter dem Boot frei ist. Erst jetzt löst der Vorschoter die Vorleine, gibt dem Boot einen leichten Stoß nach rückwärts, springt mit der Vorleine an Bord und setzt sich auf die Backbordseite hinter den

Die Segel sind gesetzt. Der Vorschoter steigt mit der Vorleine aufs Vordeck über und setzt den Bug kräftig von Hand oder mit dem Fuß vom Steg ab. Vorsicht mit nackten, nassen Füßen auf einem glatt lackierten Vordeck. Eine Rutschpartie könnte leicht mit einem „Reinfall" enden, der nicht nur erheiternd für die Umstehenden ist, sondern bei dem man sich auch handfest verletzen kann.

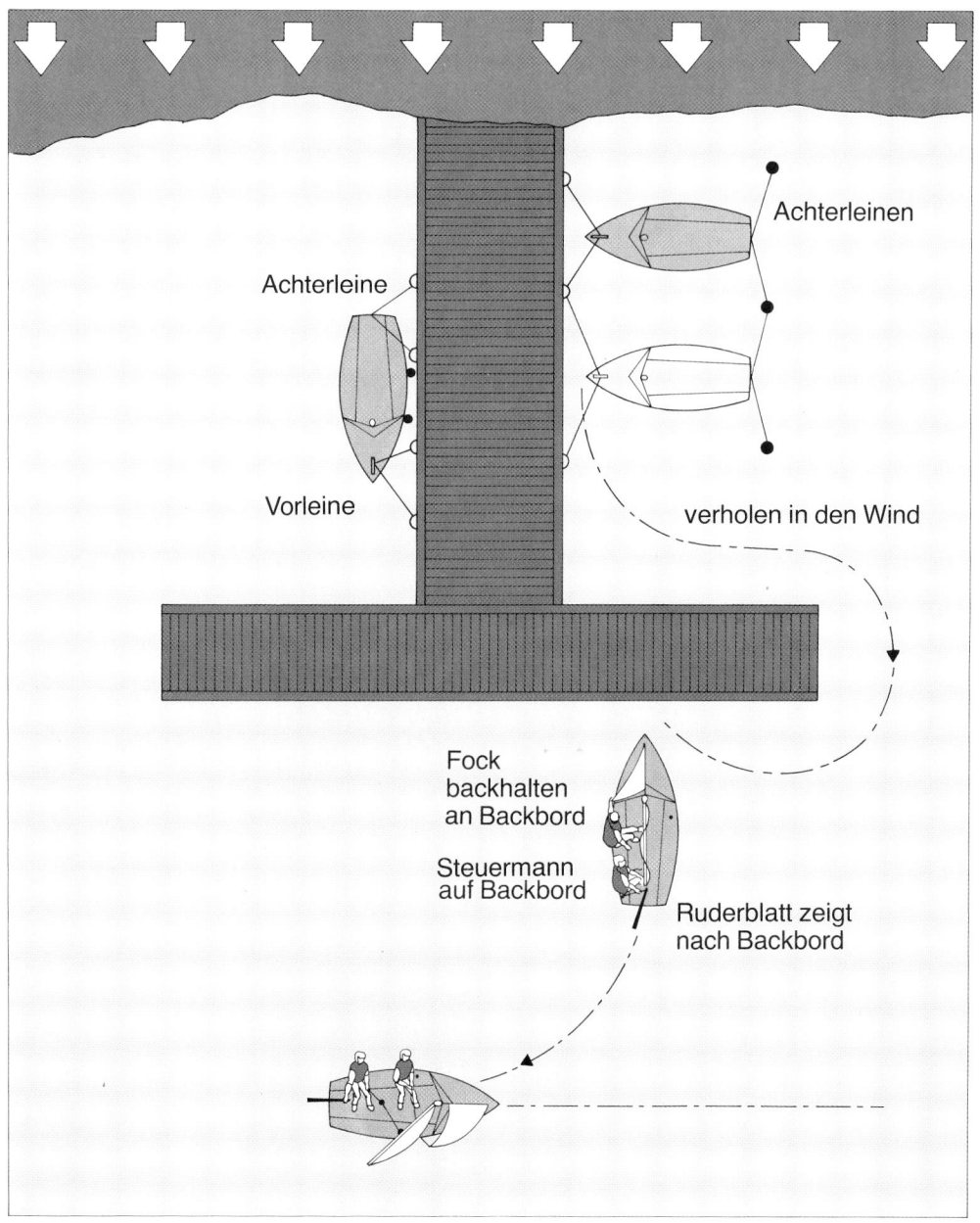

Mast. Mit seiner linken Hand hält er das Schothorn der Fock so weit wie möglich gegen den Wind nach Backbord heraus. *Backhalten* nennt man das. (Das Segel wird nach Luv, auf die „falsche" Seite, herausgehalten.) Unterstützt durch den Winddruck auf der backstehenden Fock bewegt sich das Boot in einer leichten Kurve in die Richtung, in die das Ruderblatt zeigt. Wenn aus Platzgründen irgend möglich, sollte man so weit zurücksegeln, bis der Steg in etwa parallel an der Backbordseite liegt. So erreicht man ungefähr die Segelstellung „halber Wind" (schnell ein Blick zurück auf Seite 15). Jetzt das Ruderblatt auf Fahrt geradeaus legen, die Fock rüber auf ihre „richtige" Seite nehmen, die Leeseite, das Großsegel entsprechend einstellen und auf Kurs gehen.

Hier das Ganze noch einmal im Bild:

1 *Das Boot liegt mit dem Bug im Wind am Steg. Die Segel sind gesetzt, alle Schoten sind los. Der Vorschoter hat die Vorleine losgemacht und das Boot kräftig achteraus gedrückt. Die Vorleine nimmt er mit ins Cockpit.*

2 *Der Steuermann schlägt das Ruderblatt zum Steg hin ein, der Vorschoter hält die Fock back. Das Boot treibt achteraus, der Bug dreht dabei vom Steg weg. Die Großschot bleibt weiter gefiert (lose), das Großsegel killt (flattert).*

3 *Das Boot ist weit genug vom Steg abgefallen. Der Vorschoter nimmt die Fock rüber, der Steuermann holt die Pinne zu sich heran und die Großschot dicht und fällt in etwa auf einen Halbwind-Kurs ab.*

4 *Das Boot segelt „am Wind" um das Ende des Stegs herum und geht auf Fahrt.*

Ablegen von der Boje

Bei unserer obligatorischen Manöverbesprechung sind wir zu dem Ergebnis gekommen, daß wir das Boot am Steg nicht in den Wind legen können, weil der Wind zu ungünstig steht. Deshalb senken wir Schwert und Ruderblatt auf halbe Position ab und paddeln zu einer günstig gelegenen Boje. Wir ziehen die Vorleine durch den Ring der Boje und befestigen sie mit *einem Rundtörn* und *zwei halben Schlägen*. Nun können die Segel gesetzt werden.

Diesmal wollen wir nach Backbord ablegen. Das Ganze läuft also praktisch seitenverkehrt ab: Der Steuermann sitzt auf der Steuerbordseite. Der Vorschoter zieht das Boot mit der Vorleine so nahe an die Boje, daß er sie an der Steuerbordseite aus dem Cockpit heraus fassen kann. Er löst den Knoten, zieht die Vorleine jedoch noch nicht aus dem Ring der Boje heraus, sondern hält das lose Ende noch mit der linken Hand.

Das Ruderblatt auf die Steuerbordseite legen, die Fock mit der rechten Hand an Steuerbord backhalten. Sowie das Boot Fahrt achteraus aufnimmt und Zug auf die Vorleine kommt, das Ende loslassen — es gleitet durch den Bojenring — und an Bord ziehen. Ist — genau wie beim Ablegen vom Steg — ungefähr die Segelstellung „halber Wind" erreicht, das Ruderblatt mittschiffs legen, die Fock rübernehmen und ablaufen. Die Boje bleibt an Steuerbord liegen.

So, das war unser erstes richtiges Segelmanö-

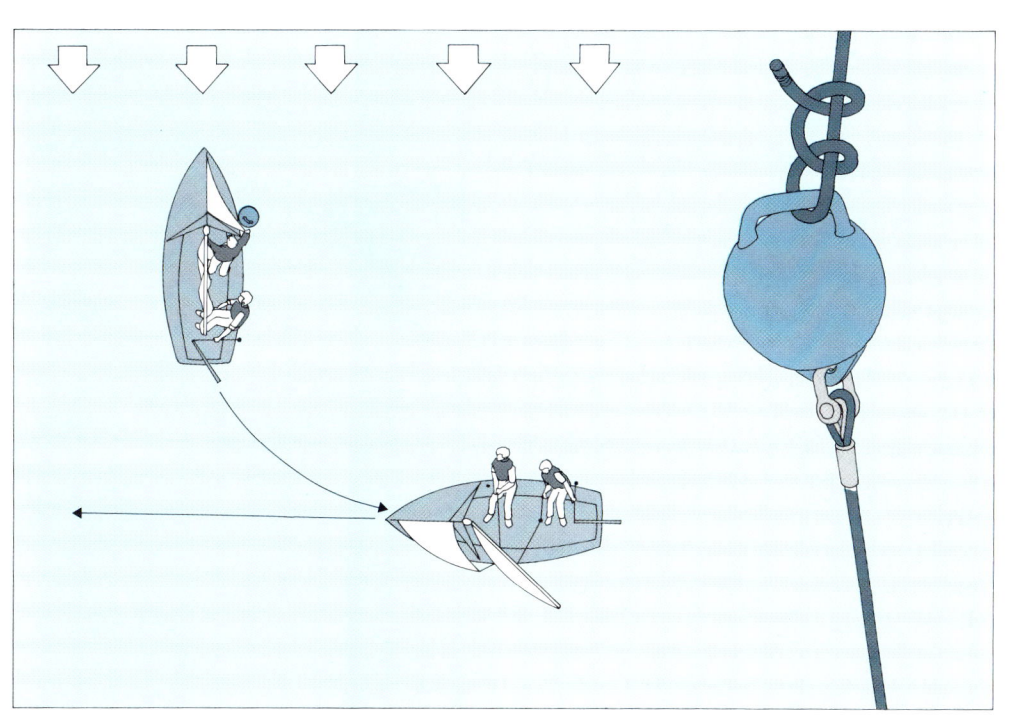

ver. Ist Ihnen dabei etwas aufgefallen? Es heißt Backbord- oder Steuerbord-Ruder, wenn das Ruderblatt nach Backbord oder Steuerbord eingeschlagen wird. Die Pinne hingegen zeigt genau zur entgegengesetzten Seite. Bei Backbord-Ruder muß sie nach Steuerbord gelegt werden und umgekehrt. Da aber die Pinne der Teil vom Ruder ist, den der Steuermann vor Augen hat – das Blatt steckt verborgen im Wasser –, kommen Segelneulinge mit dem Ruderlegen leicht ins Schleudern. Vielleicht merken Sie's sich so: Die Pinne weist immer in die „falsche" Richtung. Gleichgültig, ob man rückwärts oder voraus segelt. Aber bald geht einem das so in Fleisch und Blut über, daß man daran gar keinen Gedanken mehr verschwendet.

1

Hier das Bojenmanöver noch einmal im Bild:

1 Das Boot liegt an der Boje im Wind. Die Segel sind gesetzt, alle Schoten sind los. Der Vorschoter zieht sich an der Vorleine an die Boje heran und holt die Boje längsseits (hier an Steuerbord).

2 Er löst den Knoten am Ring der Boje (die auf diesem Bild an Backbord liegt), hält das Ende der Leine aber noch fest. Mit der anderen Hand hält er die Fock am Schothorn back, während der Steuermann das Ruderblatt zur Boje hin einschlägt (hier nach Backbord). Sobald der Bug von der Boje weggedrückt worden ist, slipt der Vorschoter die Vorleine. Die Großschot bleibt weiter gefiert (lose).

3 Das Boot ist auf einen ungefähren Halbwind-Kurs freigefallen. Der Vorschoter nimmt die Fock rüber auf die andere Seite, der Steuermann hat die Großschot entsprechend angeholt und das Ruder mittschiffs gelegt. Das Boot nimmt Fahrt voraus auf . . .

4 . . . und segelt auf Steuerbord-Bug davon.

3

Ablegen vom Ufer

Nicht überall hat man einen Steg, an dem das Boot liegt. Gerade in südlichen Ferienzentren mit Bootsvermietungen liegen die Jollen oft auf dem Strand. Das läuft dann so ab:
Der Wind ist auflandig, das Boot liegt, den Bug im Wind, mit dem Heck auf dem Strand. Die Segel sind gesetzt. Die Crew schiebt das Boot bis in ungefähr gesäßhohes Wasser und senkt entsprechend Schwert und Ruderblatt ab. Als erster steigt der Steuermann ein und nimmt seine Position an Ruder und Großschot ein. Der Vorschoter drückt den Bug nach Lee, gibt dem Boot einen Pull voraus und hangelt sich ebenfalls ins Cockpit, während der Steuermann das Ruder nach Lee legt und die Großschot anholt. Das alles muß blitzschnell geschehen, so lange das Boot noch in Schwung ist. Sonst sitzt man, ehe man sich's versieht, wieder am Strand. Sobald es die Wassertiefe erlaubt, werden Schwert und Ruderblatt vollständig abgesenkt. Die Fockschot wird erst dichtgeholt, wenn das Boot Fahrt voraus macht und nicht mehr seitlich nach Lee treibt.

Laufen Brandungswellen auf den Strand, ist eine etwas andere Technik erforderlich. Doch da ist der Anfänger ohnehin so vernünftig und bleibt an Land.

Gut dran ist, wer einen oder besser noch zwei Helfer am Strand hat. Sie schieben das Boot ins tiefere Wasser, geben ihm dabei gleich einen Drall nach Lee und einen kräftigen Stoß – der ist gut für ein bis zwei Bootslängen, und das reicht meistens, um sofort die Schoten anholen und lossegeln zu können.

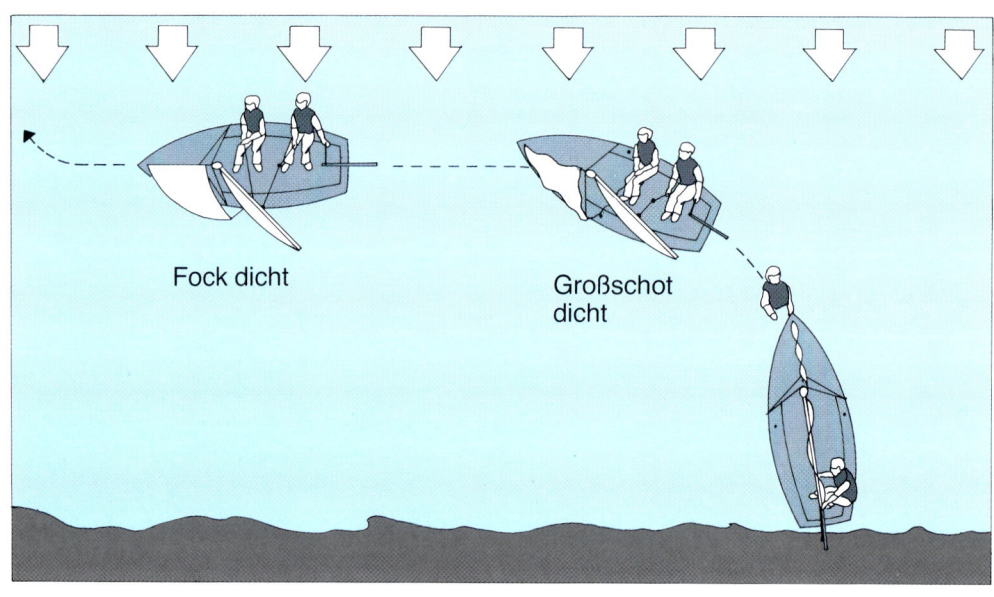

Am Strand, bevor das Boot in der Welle aufschwimmt, werden die Segel gesetzt und das Ruder am Spiegel eingehängt, vorausgesetzt, es hat ein aufholbares Ruderblatt (wie hier).

Sobald das Boot aufschwimmt, steigt der Steuermann ein, klariert seine Schoten und senkt das Schwert ab, entsprechend der zunehmenden Wassertiefe. Der Strandstart ist spielend einfach, wenn man ein paar bereitwillige Helfer hat, die das Boot ins tiefere Wasser ziehen oder schieben.

Wenn man zu zweit ist, schiebt der Vorschoter das Boot ins hüfthohe Wasser, drückt den Bug nach Lee und hangelt sich ins Cockpit. Der Steuermann fällt weiter ab und holt die Großschot entsprechend dicht. Hat das Boot etwas Fahrt aufgenommen, die Fockschot dichtnehmen. Unbedingt auf Badende achten!

Segeln die Kreuz und die Quer

Wir haben unsere Ablegemanöver geschickt so eingerichtet, daß wir geradeaus, mit halbem oder am Wind ablaufen konnten. Mehrfach hieß es „Schoten an-" oder „dichtholen". Aber – wie dicht? Mal sollte die Fockschot, mal die Großschot zuerst dichtgeholt werden. Weshalb? Wir haben gerade genug Platz auf dem Wasser, so daß wir auf keine anderen „Verkehrsteilnehmer" zu achten brauchen. Da können wir gleich mal ein paar Sachen durchspielen und ausprobieren.

Der Steuermann sitzt üblicherweise immer in Luv. Zum Lenken des Bootes hat er das Ruder – klar. Wenn er jetzt die Pinne nach Lee legt, also von sich wegschiebt, dreht das Boot mit dem Bug zum Wind hin. Es luvt an. Und plötzlich killen die Segel. Das Boot richtet sich aus seiner Schräglage – der Krängung – auf und bleibt schließlich stehen. Also zieht der Steuermann die Pinne wieder zu sich heran – er legt Lee-Ruder –, der Bug dreht vom Wind weg – er fällt ab –, der Wind faßt wieder ins Segel und das Boot nimmt erneut Fahrt auf.

Fallen Sie nun weiter ab, killen die Segel zwar nicht, aber merkwürdigerweise wird das Boot spürbar langsamer. Das signalisiert uns: Mit der Einstellung der Schoten stimmt etwas nicht. Damit sind wir an einem entscheidenden Punkt zu späteren ungetrübten Segelfreuden angelangt: der richtigen Schot- oder Segelführung.

Die Schotführung

Sie erinnern sich noch an die verschiedenen Kurse zum Wind (Seite 15)? Wir segeln jetzt **am Wind**. Fock und Großsegel sind so dichtgeholt, daß ihr Vorliek gerade noch nicht killt. Man segelt auf diesem Kurs wie an einer unsichtbaren Grenzlinie entlang. Läuft man nach Luv drüber hinweg, verliert das Boot zunächst an Fahrt, und dann beginnen die Segel zu killen. Fällt man nach Lee zu weit ab, ohne die Segelstellung zu verändern, läuft das Boot auch nicht mehr, weil dann der Wind in einem falschen Winkel auf die Segel trifft.

Aber fallen Sie jetzt getrost mal weiter ab, auf einen Kurs **halber Wind**. Sie müssen nur gleichzeitig dabei auch die Schoten entsprechend losgeben. *Fieren* nennt man das. Und zwar die Großschot so weit fieren, daß Mittschiffslinie und Großbaum etwa einen Winkel von 45° bilden. Der Vorschoter stellt parallel zum Großsegel die Fock ein. Wenn der Verklicker quer zur Mittschiffslinie steht (90°), ist die Segelstellung „halber Wind" erreicht, und Sie legen die Pinne wieder mittschiffs, auf Fahrt geradeaus.

Sie werden bemerken, das Boot ist jetzt keinen Augenblick langsamer geworden. Im Ge-

Wie das Ruder arbeitet

Ein nach Luv eingeschlagenes Ruderblatt (Luv-Ruder) dreht das Boot nach Luv. Ein nach Lee eingeschlagenes (Lee-Ruder) dreht es nach Lee. Achtung! Die Pinne zeigt stets in die entgegengesetzte Richtung. Beim Anluven drückt der Steuermann die Pinne von sich weg (nach Lee), beim Abfallen zieht er sie zu sich heran (nach Luv). Beim Anluven müssen gleichzeitig die Schoten entsprechend angeholt werden, sonst fangen die Segel an zu killen. Beim Abfallen die Schoten entsprechend fieren, sonst läuft das Boot nicht mehr. Ein schneller Blick hoch zum Verklicker zeigt, ob das Großsegel richtig steht.

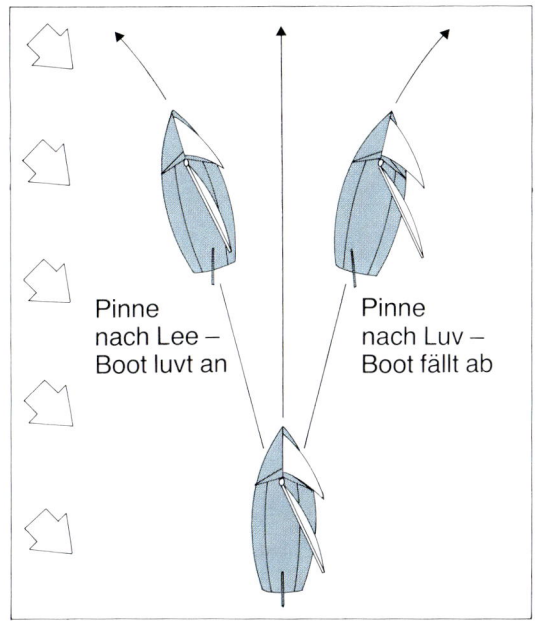

Was das Segel tut

Um das herauszufinden, legt man das Boot mit killenden (flatternden) Segeln schräg zum Wind (in eine Am-Wind-Position). Das Ruder liegt mittschiffs. Läßt man nun die Fock weiter killen und holt nur das Großsegel dicht, nimmt das Boot Fahrt auf und luvt an (es dreht nach Luv). Holt man hingegen in derselben Ausgangssituation nur die Fock dicht und läßt das Großsegel weiter killen, fällt das Boot ab (es dreht nach Lee).

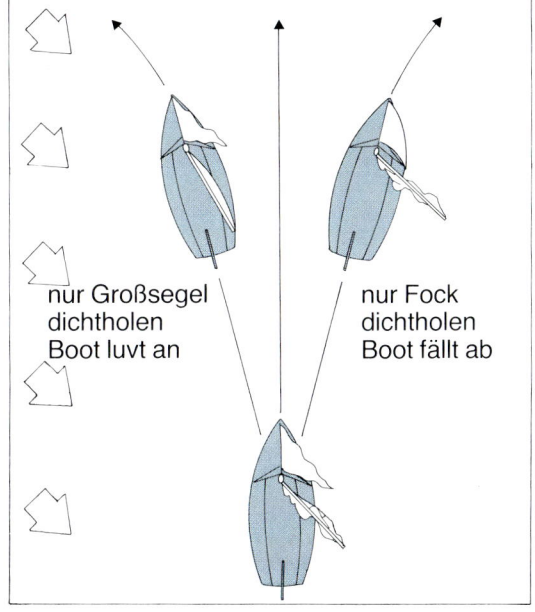

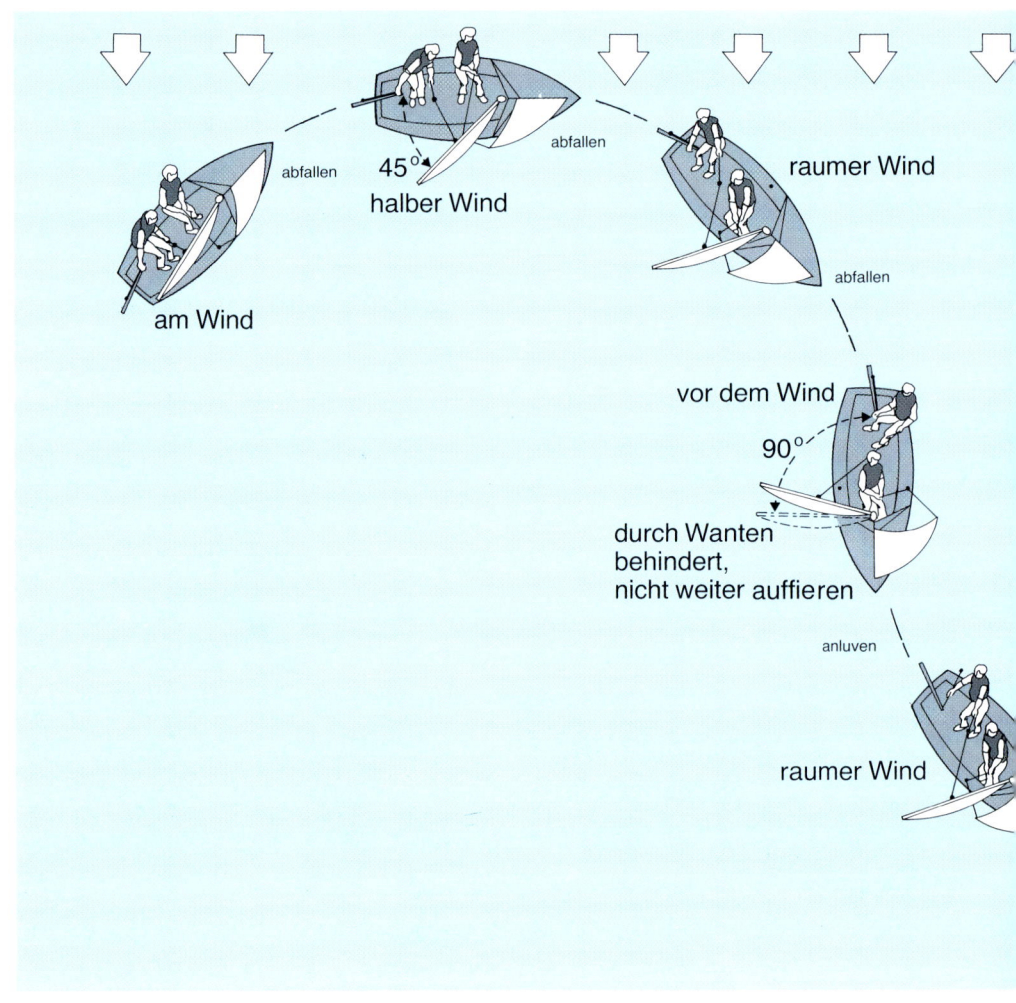

genteil, es marschiert auf dem Kurs mit halbem Wind sogar etwas schneller.
Nun fallen Sie noch weiter ab: auf **Raumschots-Kurs**. Wegen eines besseren Gewichtsausgleichs wechselt der Vorschoter, der bisher ebenfalls in Luv saß, auf den Schwertkasten oder sogar auf die andere Seite, denn der seitliche Druck aufs Segel läßt nach und damit auch die Krängung, die durch das Gewicht der Crew ausgeglichen werden muß. Die Großschot wird kontinuierlich so weit aufgefiert, bis der Baum etwa 10 cm vor dem Want steht. Die Fockschot führt der Vorschoter parallel dazu mit. Wenn Windrich-

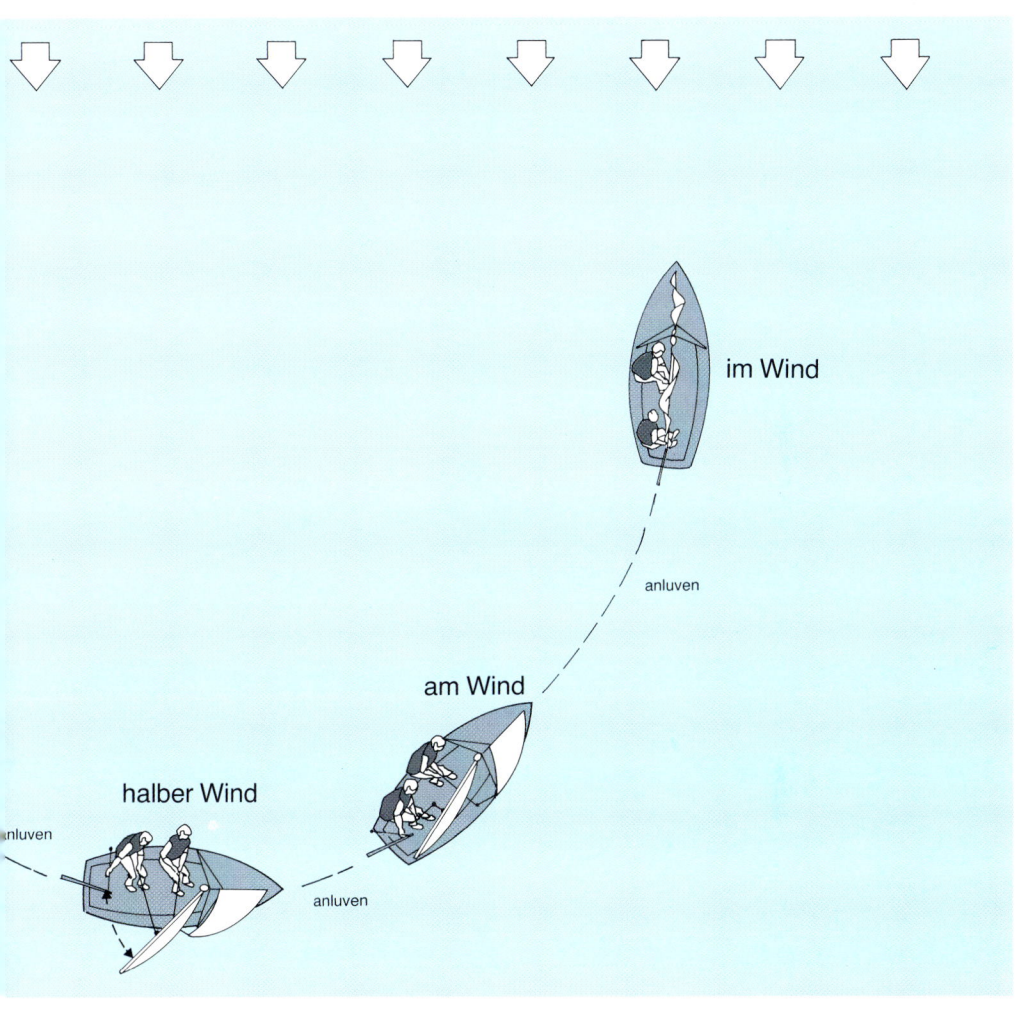

tung, Position des Steuermanns und Verklicker in etwa eine Linie bilden, liegt die Segelstellung „raumer Wind" an, und die Pinne kann wieder mittschiffs gelegt werden. Nun fallen Sie noch weiter ab, bis der Wind genau von achtern kommt – auf den **Vorm-Wind-Kurs**. Das Groß wird dabei bis an das Want aufgefiert. Die Fock wird jetzt vom Groß so abgedeckt, daß sie einfällt. Deshalb holt der Vorschoter sie auf die andere Seite, wo sie dem Wind wieder eine Angriffsfläche bieten kann. Solche Art der Segelführung

Am Wind *(Am-Wind-Kurs)*
Einstellung Großsegel: Ende des Großbaums über Ecke Heck.
Einstellung Fock: Etwa gleicher Winkel zum Großsegel.
Stellung Verklicker: Etwa gleiche Richtung wie Kopfbrett des Großsegels.
Die Crew sitzt in Luv und „reitet" das Boot aus.

Halber Wind *(Halb-Wind-Kurs)*
Einstellung Großsegel: Winkel zwischen Baum und Mittschiffslinie etwa 45°.
Einstellung Fock: Etwa gleicher Winkel wie Großsegel.
Stellung Verklicker: Quer zur Mittschiffslinie.
Die Crew braucht nicht mehr so stark auszureiten. Bei leichtem Wind kann der Vorschoter ins Bootsinnere rutschen.

Raumer Wind *(Raum-Wind- oder auch Raumschots-Kurs)*
Einstellung Großsegel: Fieren bis etwa 10 Zentimeter vors Want.
Einstellung Fock: Etwa gleicher Winkel wie Großsegel.
Stellung Verklicker: Windrichtung, Position des Steuermanns und die Richtung des Verklickers bilden ungefähr eine Linie.
Der Vorschoter rutscht bei leichtem Wind auf den Schwertkasten.

Vor dem Wind *(Vorm-Wind-Kurs)*
Einstellung Großsegel: Fieren bis ans Want.
Einstellung Fock: Auf die andere Seite nehmen.
Stellung Verklicker: Zeigt genau nach vorne.
Um das Großsegel besser beobachten zu können, bleibt der Steuermann in Luv sitzen. Eventuell rutscht er vom Seitendeck ins Boot. Der Vorschoter sitzt zum Ausgleich in Lee, vorne am Mast, und sichert mit der Hand den Großbaum gegen eine „Patenthalse".

nennt man bezeichnenderweise Schmetterlingssegeln.
Vorsichtig! Dieser Kurs ist ein bißchen riskant, weil man sich keine unachtsamen Ruderschlenker erlauben darf. Übersteuert man nämlich, kann plötzlich der Baum auf die andere Seite rumschlagen und das Boot eventuell sogar kentern, wie man das Umschmeißen seemännisch nennt. Zumindest bekommt die Crew – wenn sie nicht aufpaßt – den Baum gegen den Kopf. Der Steuermann muß deshalb auf diesem Kurs besonders aufmerksam den Verklicker beobachten, und der Vorschoter sichert den Baum mit der Hand gegen solche Patenthalse genannten üblen Machenschaften.

So, und nun dasselbe gleich noch mal, um das richtige Gefühl für Ruder- und Schotführung zu bekommen. Dazu müssen wir zunächst wieder auf den Ausgangskurs „am Wind" anluven. Jetzt läuft alles mit umgekehrten Vorzeichen ab: die Pinne leicht vom Körper wegdrücken, und die Schoten entsprechend auf die verschiedenen Kurse „raumer Wind", „halber Wind" und „am Wind" anholen. Dabei hin und wieder ein Blick hoch in den Mast, denn wiederum ist die Stellung des Verklickers die zuverlässigste Orientierungshilfe. Noch eins: Sowohl beim Abfallen als auch beim Anluven sind nur leichte Ruderbewegungen erforderlich, fließend und mit Fingerspitzengefühl ausgeführt. Die Schoten werden gleichmäßig und nicht etwa ruckartig gefiert und geholt.

Manövrieren mit den Segeln

Probieren wir jetzt mal aus, welchen Einfluß die Schotführung und damit die Segelstellung auf das Kursverhalten des Bootes hat.

Sind die Segel richtig geschotet, ist das Kräfteverhältnis von Vor- und Großsegel so gut ausbalanciert, daß das Boot geradeaus segelt, wenn man die Pinne losläßt. Sie spüren aber sofort einen mehr oder minder starken Druck auf dem Ruder, wenn die Großschot zu dicht, die Vorschot jedoch zu lose gefahren wird: Das Boot will anluven. *Luvgierig* nennt man diesen Zustand denn auch. Knallt man hingegen die Fockschot ganz dicht und fährt die Großschot zu lose, wird das Boot *leegierig*. Diese Drehtendenzen kann man durchaus für seine Manöver nutzen. Ein Versuch macht das deutlich: Man legt das Boot mit aufgefierten Schoten und somit killenden Segeln in eine Am-Wind-Position, hält die Pinne mittschiffs, holt die Großschot dicht und läßt die Fock weiter killen. Das Boot kommt langsam in Fahrt und luvt an. Umgekehrt, nimmt man nur die Fock dicht und läßt das Großsegel killen, fällt es ab.

Wenden

Bisher sind wir immer mit dem Wind von einer Seite gesegelt. Doch um an ein bestimmtes Ziel zu gelangen, einem Hindernis oder einem anderen Boot auszuweichen, muß man häufiger die Windseite wechseln. Es muß, je nach den Umständen, gewendet oder gehalst werden.

Wenden ist der Wechsel der Windseite gegen den Wind. Also eine Drehung des Bootes mit dem Bug durch den Wind. Von der Segelstellung „am Wind" auf der einen zur Segelstellung „am Wind" auf der anderen Seite. Vor dem Wenden muß der Steuermann seinen Vorschoter – wie vor allen Manövern – von seiner Absicht unterrichten.

Sie leiten die Wende mit einer deutlichen Ruderbewegung ein, der Bug dreht in den Wind, die backstehende Fock drückt ihn durch den Wind, und das Großsegel stellt sich von ganz alleine in die neue Am-Wind-Position. Steht es auf der neuen Seite voll und ist die Fock im gleichen Moment herüberge-

Wenden

6 Das Boot läuft auf Backbord-Bug ab. Die Wende ist beendet.

5 Das Großsegel steht auf der neuen Leeseite wieder voll. Der Steuermann hat die Pinne kurz zu sich herangezogen, um der weiteren Drehtendenz des Bootes entgegenzuwirken. Dann wechselt er hinter dem Rücken die Ruderhand und setzt sich auf die neue Luvseite rüber. Auf das Kommando: „Über die Segel!" nimmt der Vorschoter die Fock auf die neue Leeseite und holt sie dicht.

4 Der Bug geht durch den Wind. Die backstehende Fock unterstützt die Drehbewegung. Der Vorschoter taucht unter dem Baum durch und wechselt die Seite. Das Ruder bleibt weiterhin gelegt, die Großschot dichtgeholt. Der Baum geht von selbst über.

3 Das Boot liegt im Wind, der Großbaum kommt mittschiffs. Das Ruder bleibt weiter gelegt. Der Vorschoter bewegt sich zur Bootsmitte.

2 Der Steuermann sagt: „Ree!" und legt gleichmäßig und weich Luv-Ruder (Ruderpinne nach Lee). Der Vorschoter löst die Lee-Schot aus der Klemme, hält die Fock aber weiterhin dicht.

1 Sie segeln (hier auf der Zeichnung) „am Wind" auf Steuerbord-Bug. Der Steuermann gibt das Kommando: „Klar zum Wenden!" Rückmeldung des Vorschoters, wenn der Seeraum frei ist: „Ist klar!"

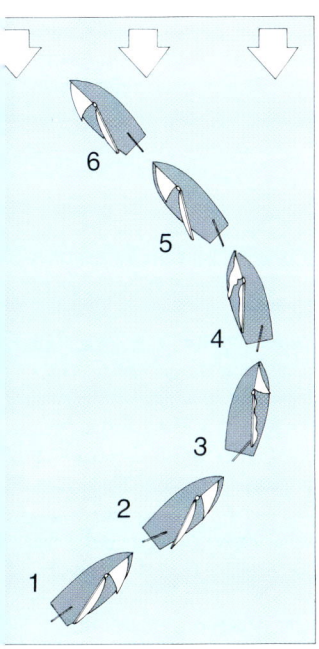

nommen worden, liegt die neue Am-Wind-Segelstellung exakt an. Ruder mittschiffs oder sogar ganz leicht Gegenruder zur anderen Seite legen, um das Drehmoment aufzuheben. Die Crew wechselt in dem Augenblick die Seite, da das Boot im Wind liegt und der Baum mittschiffs kommt. Die ehemalige Luvseite ist zur neuen Leeseite geworden und, umgekehrt, die ehemalige Leeseite zur Luvseite.

Es hat nicht geklappt? Sie sind im Wind liegengeblieben und wieder auf den alten Bug zurückgefallen? Dann haben Sie etwas falsch gemacht. Vielleicht haben Sie das Ruder zu plötzlich mit einem harten Ruck herumgerissen und dabei zu weit eingeschlagen? Dann liegt nämlich das Ruderblatt schon quer, bevor das Boot überhaupt andrehen kann, und stoppt gleich zu Anfang die Fahrt erheblich. Wichtig aber ist, daß das Boot während der ganzen Drehphase genügend Fahrt behält, sonst verhungert es im Wind.

Oder haben Sie vielleicht die Fockschot zu früh losgeworfen? Dann killt die Fock nur fahrthemmend, statt die Drehung zu unterstützen. Oder hatten Sie die Fock auf der neuen Leeseite zu früh dichtgenommen, bevor die Nase durch den Wind war? Dann kommt die Fock dort back und drückt das Vorschiff wieder auf den alten Bug zurück.

Versuchen wir's gleich noch mal − diesmal klappt's bestimmt!

Halsen

Halsen ist der Wechsel der Windseite vor dem Wind, also eine Drehung des Bootes mit dem Heck durch den Wind.

Der Ausgangskurs wird meistens „halber Wind" oder „raumer Wind" sein. Zunächst so weit abfallen, bis man genau vor dem Wind segelt. Dabei nur wenig Ruder legen, damit das Boot nur langsam seine Richtung ändert. Dann die Schot schnell dichtholen, bis der Baum mittschiffs steht. Würde man die Schot zu langsam dichtholen und dabei zu schnell abfallen, könnte folgendes passieren: Der Wind erfaßt das Großsegel bereits von der anderen Seite, bevor der Großbaum in der Mittschiffslinie steht, und das Großsegel schlägt mit großem Schwung auf die andere Seite. Vom Baum kann die Crew getroffen werden, der Mast wird sehr stark beansprucht, und eine Kenterung ist immer drin. Deshalb, erst wenn der Baum mittschiffs steht, das Ruder langsam nur so weit legen, daß er von selbst übergeht. Man nennt dieses Herumschwenken des Baumes von der einen auf die andere Seite *schiften*. Nun blitzschnell die Schot fieren, damit es nicht zu einem harten Einrucksen des Baumes in die noch dichtgeholte Schot kommt. Sie muß sofort nachgeben, wenn Kraft rauf kommt. Sie müssen das Boot unbedingt so lange vor dem Wind halten, bis die Schot auf der neuen Leeseite bis in die Vorm-Wind-Stellung aufgefiert worden ist. Erst danach kann wieder angeluvt, die Schot entsprechend angeholt und auf den gewünschten Kurs gegangen werden. Die Crew wechselt sofort die Seite, wenn der Baum übergeht. Gleichzeitig oder schon vorher die Fock auf die andere Seite nehmen.

Achtung! In dem Moment, in dem das Segel auf die neue Leeseite schwenkt, erhält das Boot eine mehr oder minder starke Drehtendenz zur neuen Luvseite. Ihr muß mit kurzem Gegenruder − auch Stützruder genannt − entgegengewirkt werden.

Das Halsen erfordert schon ein wenig Übung. Man sollte sich zunächst nur bei leichtem Wind daran versuchen.

Halsen

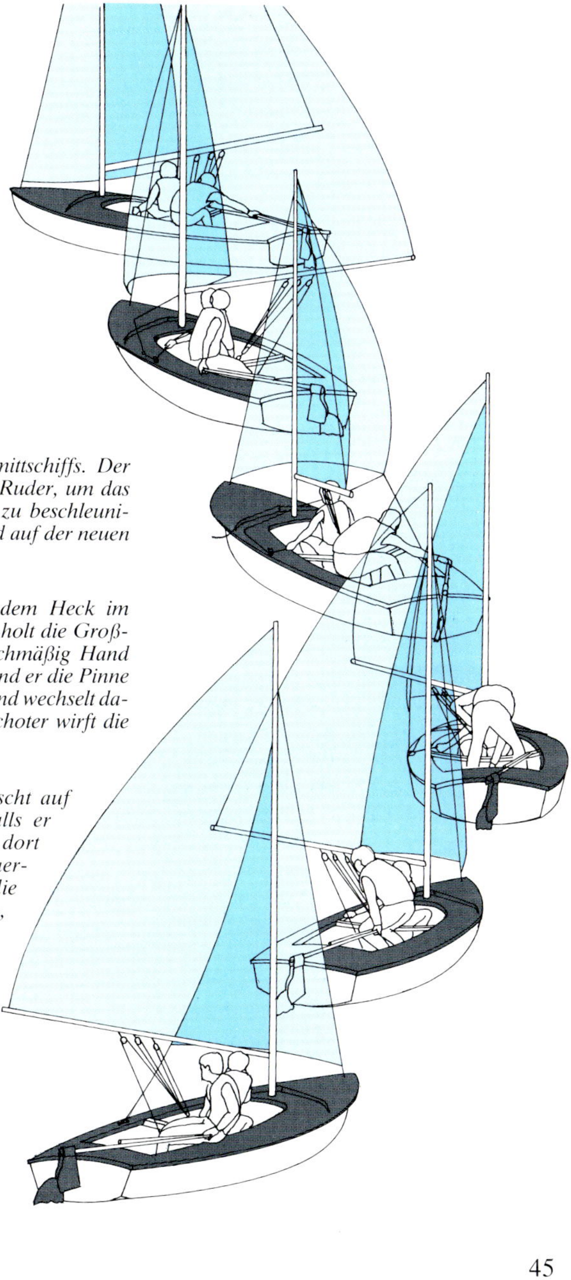

6 Das Boot läuft auf Steuerbord-Bug ab. Das Halsen ist beendet. Der Vorschoter hat während des ganzen Ablaufs seinen Platz auf dem Schwertkasten nicht verlassen.

5 Der Großbaum geht mit Schwung auf die neue Leeseite über. Der Steuermann läßt die Großschot durch die Hand rauschen und gibt gleichzeitig Stütz- oder Gegenruder, um dem starken Drehmoment des Bootes nach Luv entgegenzuwirken.

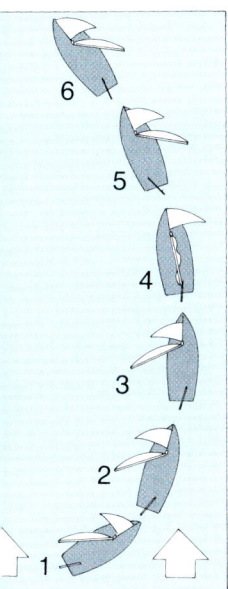

4 Der Baum kommt mittschiffs. Der Steuermann legt weiter Ruder, um das Übergehen des Baums zu beschleunigen. Die Fockschot wird auf der neuen Leeseite leicht angeholt.

3 Das Boot liegt mit dem Heck im Wind. Der Steuermann holt die Großschot schnell, aber gleichmäßig Hand über Hand dicht, während er die Pinne mit dem Bein abstützt, und wechselt dabei die Seite. Der Vorschoter wirft die Fockschot los.

2 Der Vorschoter rutscht auf den Schwertkasten (falls er nicht ohnehin bereits dort gesessen hat). Der Steuermann klemmt sich die Pinne in die Kniekehle, um die Hände zum Dichtholen der Großschot freizuhaben.

1 Sie segeln (hier auf der Zeichnung) mit raumem Wind auf Backbord-Bug. Der Steuermann gibt das Vorbereitungskommando: „Klar zum Halsen!" Der Vorschoter meldet: „Ist klar!", wenn der Seeraum frei ist. Der Steuermann legt Lee-Ruder (Pinne zum Körper), um auf einen Vorm-Wind-Kurs abzufallen, und fiert die Großschot entsprechend.

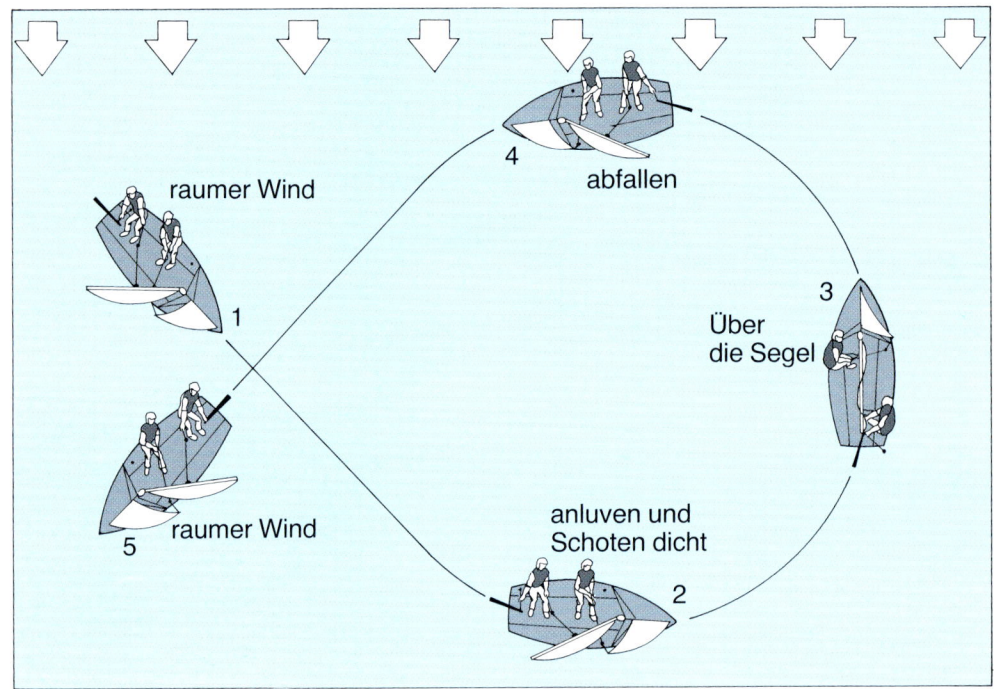

Die Q-Wende

Wem das Halsen, etwa bei viel Wind, zu riskant erscheint, der kann statt dessen eine Q-Wende fahren. Vorausgesetzt, er hat genügend Platz. Die komische Bezeichnung stammt wohl von der Figur, die man segelt, die in etwa einem „Q" ähnelt.

Statt mit dem Heck durch den Wind zu gehen, wird von einer Segelstellung „raumer Wind" aus angeluvt bis an den Wind, dann regulär gewendet und wieder auf den Raumschots-Kurs abgefallen.

Bekanntlich ist noch kein Meister vom Himmel gefallen. Auch kein Segelmeister. Werden Sie deshalb nicht gleich ungeduldig, wenn Ihre Manöver nicht sofort hundertprozentig klappen. Überlegen Sie mal, was Sie vielleicht nicht ganz richtig gemacht haben oder was man besser machen kann. Beispielsweise darauf achten, daß die Großschot nicht wieder im entscheidenden Augenblick irgendwo hängen bleibt, und sei es hinter den eigenen Fü-

Die Q-Wende
1 *Sie segeln mit der Segelstellung „raumer Wind" (hier auf der Zeichnung) auf Steuerbord-Bug.*
2 *Anluven und dabei die Schoten langsam dichtholen bis auf einen Am-Wind-Kurs.*
3 *Weiter anluven – dabei darf das Boot aber nicht an Fahrt verlieren, sonst verhungert es beim Wenden – und durch den Wind gehen.*
4 *Abfallen und gleichzeitig die Schoten auffieren, bis die neue Segelstellung „raumer Wind" erreicht ist.*
5 *Sie haben jetzt einen Vollkreis gefahren und laufen auf Backbord-Bug ab.*

Der Augenblick des Wendens: Das Großsegel ist schon mittschiffs gekommen, die Fockschot noch nicht losgeworfen worden. Die Fock steht back und drückt den Bug durch den Wind.

ßen. Die Devise heißt: Üben und nochmal üben. Am ersten Tag auf dem Wasser sollten Sie nichts weiter tun, als wenden und halsen üben. Ideal ist es, wenn Sie zwei Bojen oder ähnliches finden, die ungefähr rechtwinklig zur Windrichtung liegen und die man 8förmig umkreisen kann. Dabei durchläuft man alle Kurse zum Wind und muß fortgesetzt wenden und halsen.

Kreuzen

Niemand kann – wie wir schon gesehen haben (Seite 15) – gegen den Wind ansegeln. Dennoch wird man häufig gezwungen sein, einen Steg, eine Boje, ein Ufer oder eine Hafeneinfahrt anzulaufen, die genau dort liegen, wo der Wind herkommt. Man erreicht sein Ziel nur, wenn man gegen den Wind aufkreuzt: Man nähert sich ihm, abwechselnd über Steuerbord- und Backbord-Bug segelnd, auf einem Zick-Zack-Kurs. Den jeweils auf einem Bug zurückgelegten Weg bezeichnet man als *Schlag*, mehrere Zickzacks als Schläge. Das Kreuzen besteht also aus einer Abfolge von Wenden.

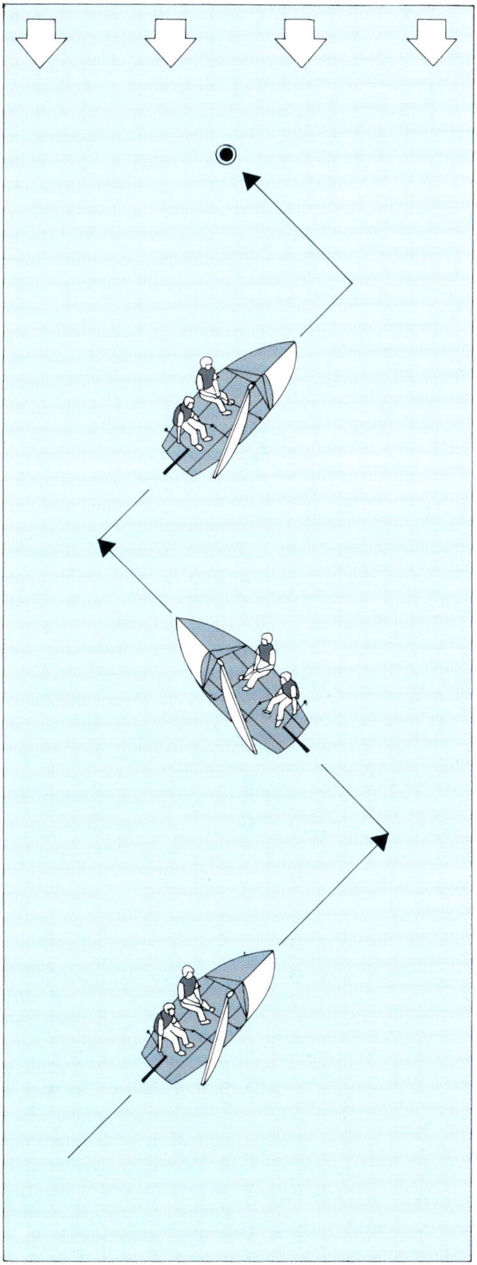

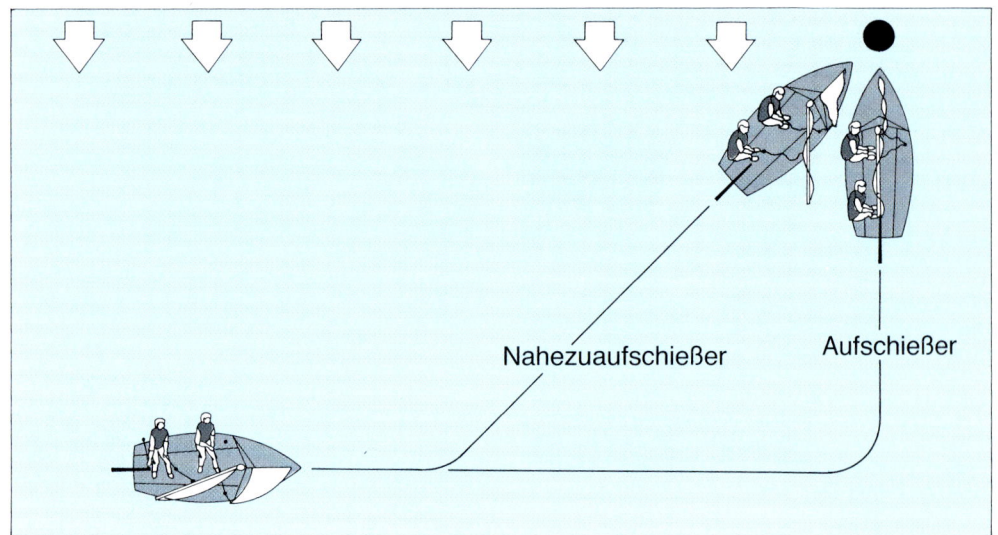

Aufschießer und Nahezu-Aufschießer

Aufschießen ist die große Kunst, sein Boot an einem bestimmten Punkt – an einem Steg, einer Boje oder was immer es sei – zum Stehen zu bringen. Denn Boote haben keine Bremsen.

Wir erinnern uns noch vom Segelsetzen: Wenn das Boot mit dem Bug im Wind liegt, macht es keine Fahrt. Und genau das bewirkt der Aufschießer. Aus der Segelstellung „halber Wind" heraus legt man hart Luvruder und dreht das Boot bis in den Wind. Anders als beim richtigen Anluven aber werden die Schoten nicht dichtgeholt. Die Segel wehen aus und kommen von alleine mittschiffs. Allein schon durch die harte Ruderlage entsteht eine starke Bremswirkung. Bei frischem Wind kommt ein leichtes Boot meistens augenblicklich zum Stehen. Bei schwachem Wind und glattem Wasser kann der Auslauf etwas länger sein. Das richtige Abschätzen der Auslaufstrecke ist so eine Erfahrungssache, denn sie ist bei unterschiedlichen Bootstypen auch unterschiedlich. Probieren Sie das mit Ihrem Boot erst mal im freien Wasser aus, bevor Sie eventuell gleich auf einen Steg losdonnern.

Eine Variante ist der Nahezu-Aufschießer. Er unterscheidet sich insofern, als nicht direkt in den Wind, sondern auf einen Am-Wind-Kurs aufgeschossen wird. Aber ebenfalls, ohne die Schoten zu bedienen. Der Nahezu-Aufschießer hat einen entscheidenden Vorteil: Man kann durch Dichtholen der Schoten erneut noch etwas Fahrt aufnehmen, wenn man sich verschätzt hat und merkt, daß man zu weit von seinem Ziel entfernt verhungern wird. Sein Nachteil: Man bekommt nicht so abrupt die Fahrt aus dem Boot.

Das Mann-/Boje-über-Bord-Manöver

Wir haben nun schon eine Reihe von Segelmanövern kennengelernt. Sie sind Voraussetzung für das Mann-über-Bord-Manöver. Es ist dies das wichtigste Manöver überhaupt, denn wenn man es verpatzt, kann das für den über Bord Gefallenen − zumindest auf einer Yacht auf See − katastrophale Folgen haben. Nur wenn man dieses Manöver so lange „paukt", bis es einem in Fleisch und Blut übergegangen ist, kann man sicher sein, daß es auch im Ernstfall, unter extremen Wetterverhältnissen, beinahe automatisch abläuft.
Eigentlich sollte es gar nicht passieren, daß jemand über Bord oder − wie's Segler gerne etwas salopp ausdrücken − in den Bach fällt. Aber völlig ausschließen kann man es nie. Und deshalb muß jeder im Boot wissen, wie er ihn schnell und sicher wieder erreicht und aufgefischt bekommt.

Schulmäßig wird es mit einer Boje oder einem anderen schwimmenden Gegenstand geübt. Deshalb auch Boje-über-Bord-Manöver. Wir segeln „am Wind". Der Vorschoter wirft den Schwimmkörper außenbords und ruft laut und vernehmlich: „Boje über Bord!" Der Steuermann fällt sofort auf die Segelstellung „halber Wind" ab und läuft drei bis vier Bootslängen weiter. Dann anluven, wenden und wieder auf die Segelstellung „halber Wind" abfallen. Sobald sie erreicht ist, legt man die Pinne mittschiffs. Damit segelt man automatisch auf einen Punkt, etwa eine Bootslänge in Lee der Boje, zu. Ungefähr drei Bootslängen vor diesem Punkt luven Sie zum Nahezu-Aufschießer an. Den richtigen Zeitpunkt zum Aufschießen erwischen Sie, wenn sich die Boje etwa in Verlängerung des Baumes befindet.

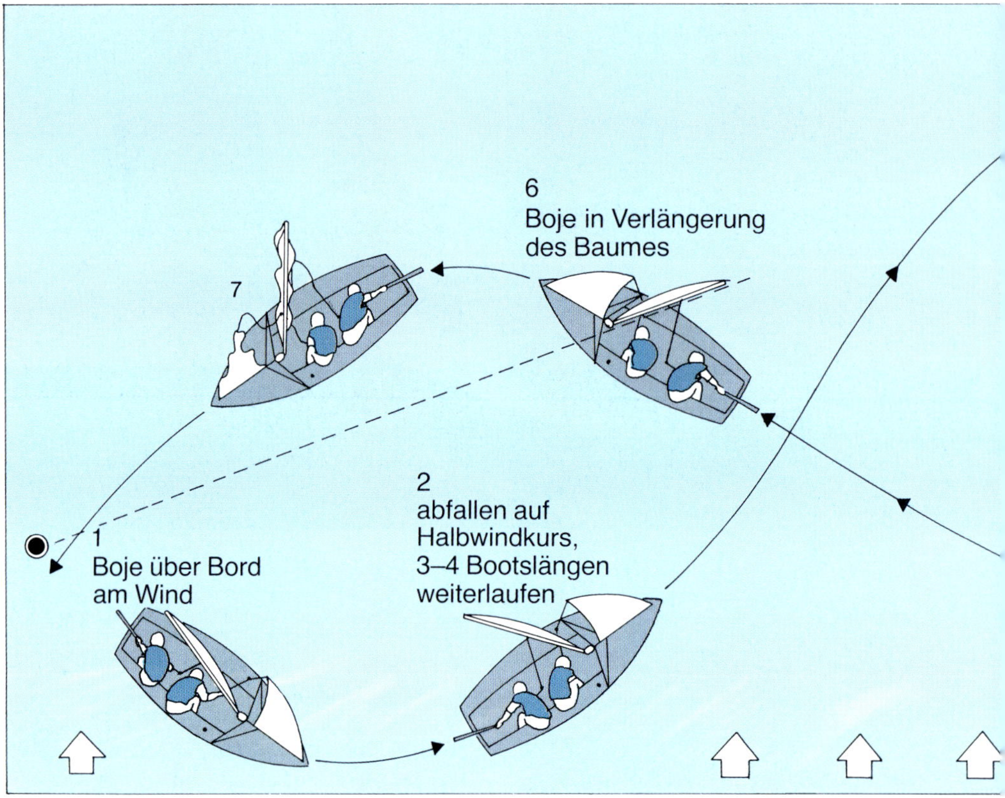

6 ... und die Boje in Lee fischen und längs der Bordwand nach achtern holen.

5 Alle Schoten los ...

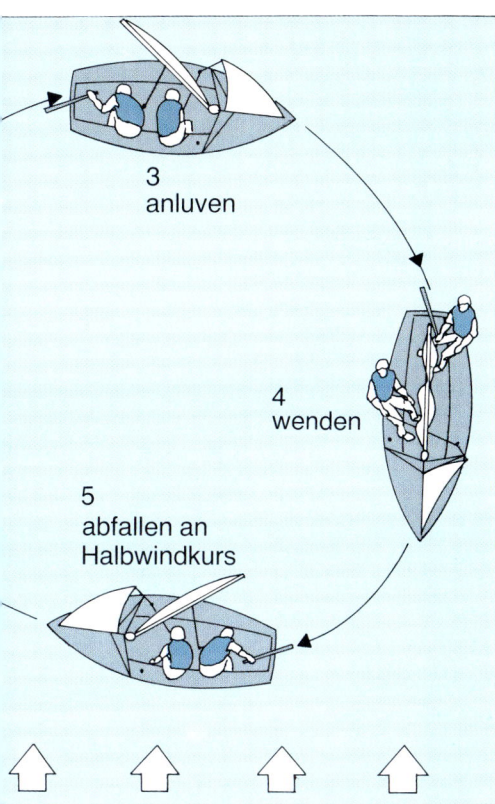

1 Boje über Bord am Wind (hier auf Backbord-Bug segelnd). Der Vorschoter behält die Boje im Auge.

2 Der Steuermann fällt auf Halb-Wind-Kurs ab . . .

4 . . . fällt wieder ab und dreht etwa 3 Bootslängen vor der Boje (Boje in Verlängerung des Baums) zum Nahezu-Aufschießer auf.

3 . . . luvt an und wendet (hier auf Steuerbord-Bug) . . .

Haben Sie Ihr Boot glücklich neben der Boje zum Stehen gebracht, wird sie an der Bordwand entlanggeführt und über das Heck aufgenommen, da im Ernstfall der über Bord Gefallene am leichtesten übers Heck aufgefischt werden kann.

Darüber, ob man den Nahezu-Aufschießer in Luv oder Lee der Boje fährt, gibt es unterschiedliche Ansichten. Auf den meisten deutschen Segelschulen wird der Aufschießer in Luv der Boje erwartet. Das bedingt in jedem Fall, daß ein über Bord Gefallener übers Heck ins Boot gezogen werden muß. Denn bei einer Übernahme an der Leeseite würden ihn und den Helfer im Cockpit die Segel und schlagenden Fockschoten behindern. Macht man den Aufschießer aber in Lee des Schwimmers, kann er über die Luvseite des Bootes ins Cockpit gerollt werden. Auch so lernt man's auf Segelschulen.

Dieses Boje-über-Bord-Manöver mit einer Q-Wende, das wir gerade gefahren haben, ist ein sehr sicheres und wird auch so auf den meisten Segelschulen gelehrt. Es gibt aber auch noch ein anderes, schnelleres:

Auf einem Am-Wind-Kurs braucht der Steuermann nichts weiter zu tun, als sofort hart Luv-Ruder zu legen. Das Boot dreht mit dem Bug durch den Wind, und die Fock, die nicht bedient wird, steht back. So treibt man langsam, aber ziemlich sicher auf den über Bord Gefallenen zu. Dieses „schnelle" Manöver hat aber auch einen entscheidenden Nachteil: Man hat es nicht unter Kontrolle.

Soweit das übungsmäßige Mann-über-Bord-Manöver. Doch grau – so sagt schon eine alte Spruchweisheit – ist alle Theorie. Wenn plötzlich statt der Boje der Mitsegler im Bach schwimmt, sitzt man auf einer Jolle meist allein im Boot. Das heißt, als Steuermann hat man zusätzlich noch die Fockschoten zu bedienen. Als allein zurückgebliebener Vorschoter läßt man die Fock fliegen, rutscht nach hinten und übernimmt Großschot und Pinne. Wenn auf einer Jolle jemand außenbords geht, wird sie augenblicklich krängen und aus dem Ruder laufen, weil ein „Trimmgewicht" fehlt. Deshalb muß der im Boot Zurückgebliebene zunächst das Boot wieder ausbalancieren und überhaupt auf Kurs bringen, bevor er mit dem Abfallen für das Mann-über-Bord-Manöver beginnen kann. Hoffen wir, daß Ihnen nie jemand in den Bach fällt!

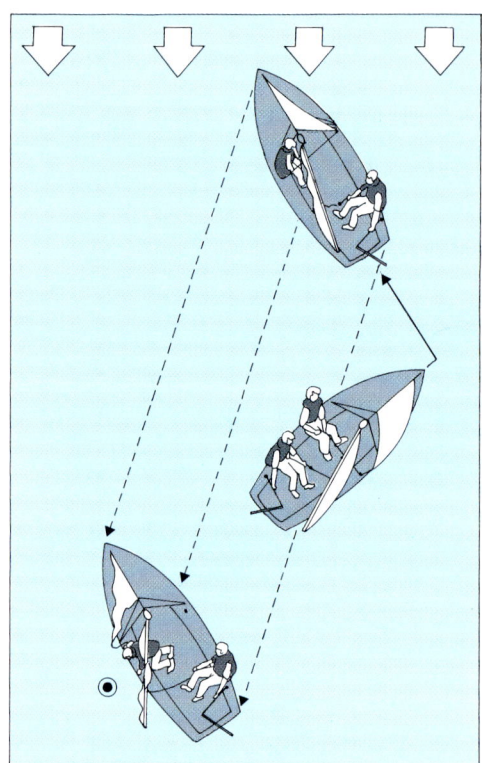

Das Boot kommen lassen . . . Wenn der Steuermann schnell reagiert, braucht er auf einem Am-Wind-Kurs nichts weiter zu machen, als hart Luv-Ruder zu legen. Das Boot dreht daraufhin mit dem Bug durch den Wind, und die Fock steht back. Die Großschot wird etwas gefiert. Das Boot macht keine Fahrt mehr, sondern treibt langsam quer auf die Boje zu.

Parken auf dem Wasser – der Anker macht's möglich

Nach so viel Schotenreißen und Manöverstreß sei uns eine kleine Ruhepause gegönnt. Wir wollen ankern. Einen Anker sollte man möglichst immer dabei haben. Denn man weiß nie: Sei es, um bei Flaute nicht von einer starken Strömung fortgetragen zu werden. Oder sei es, um sein Boot bei auflandigem Wind einem steinigen Ufer fernzuhalten. Das Problem ist nur, wohin mit dem Anker auf einer kleinen Jolle? Aus Platzgründen kommt deshalb eigentlich nur ein Schirm- oder Faltanker in Frage. Zusammengeklappt kann er unter das Vordeck gelascht oder gehängt werden. Aber der beste Anker nützt rein gar nichts ohne Ankerleine. Sie sollte am Ankerring angeschäkelt und nicht nur angeknotet sein. Der Knoten könnte sich allzu leicht auf dem Grund lösen.

Hat man seinen Ankerplatz ins Auge gefaßt, klariert der Vorschoter Anker und Leine. Nicht vergessen, das Ende der Leine an einer Klampe oder am Mast festzumachen, damit

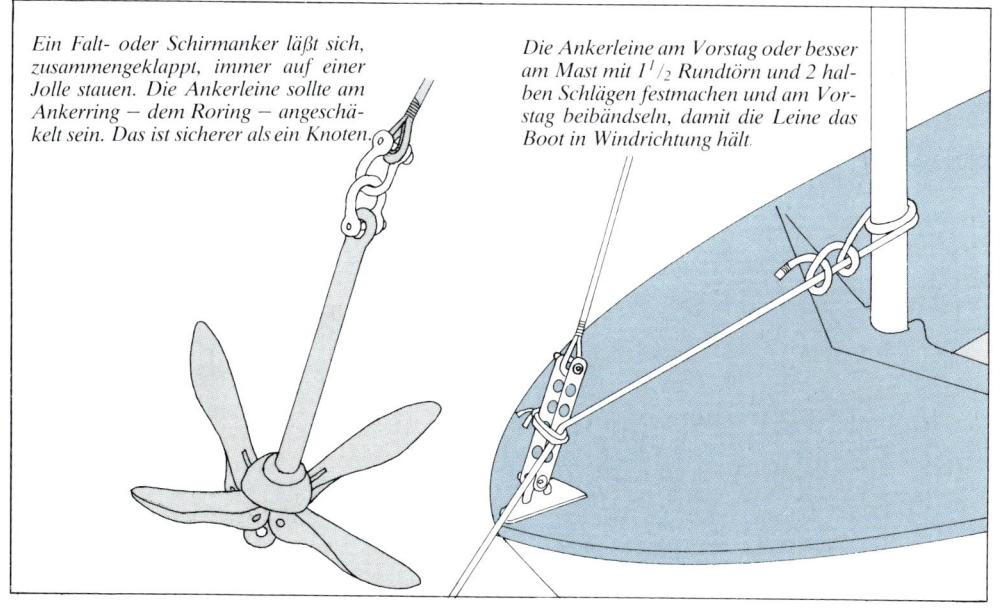

Ein Falt- oder Schirmanker läßt sich, zusammengeklappt, immer auf einer Jolle stauen. Die Ankerleine sollte am Ankerring – dem Roring – angeschäkelt sein. Das ist sicherer als ein Knoten.

Die Ankerleine am Vorstag oder besser am Mast mit $1^{1}/_{2}$ Rundtörn und 2 halben Schlägen festmachen und am Vorstag beibändseln, damit die Leine das Boot in Windrichtung hält.

Anker und Leine nicht nachher auf Nimmerwiedersehen in den Fluten verschwinden. Befindet sich am Bug keine Festmacheklampe, muß die Ankerleine am Vorstag beigebändselt werden. Praktisch ist es, vor dem Ankern die Fock zu bergen, um das Vorschiff frei zu haben und nicht durch die schlagenden Fockschoten behindert zu werden. Wie die Fock geborgen – niedergeholt – wird, das lernen wir noch (auf Seite 64).

Zum Ankern fährt man einen Aufschießer, und erst wenn das Boot vollständig ausgelaufen ist und anfängt rückwärts zu treiben, gibt der Steuermann Anweisung, den Anker fallen zu lassen. Nicht vorher, sonst könnte die Leine auf den Anker fallen und verhindern, daß er sich haltbar in den Grund eingräbt. Auch wirft man den Anker nicht einfach ins Wasser, sondern „seilt" ihn, Hand über Hand, ab. Wenn man merkt, daß er unten angekommen ist, weiter Leine ausgeben, so viel, daß ihre Länge mindestens der fünffachen Wassertiefe entspricht. Durch kurzes Rucken an der Leine kann man feststellen, ob der Anker auch tatsächlich gefaßt hat und nicht etwa über den Grund schleift. Erst wenn man ganz sicher ist, daß das Boot nicht treibt, kann auch das Großsegel geborgen werden. Für eine kürzere Ankerpause lassen wir es jedoch getrost stehen, natürlich mit loser Schot, damit es keinen Wind fängt und das Boot an seiner Leine zu segeln beginnt.

Den Anker hochzuholen, seemännisch als Ankerlichten bezeichnet, ist auch kein Problem. Der Vorschoter holt die Ankerleine Hand über Hand ein. Dabei zieht er das Boot an den Anker heran. Steht die Ankerleine ungefähr senkrecht, den Anker mit einem kurzen, kräftigen Ruck aus dem Grund brechen, hochholen, abspülen und an Bord nehmen. Vorsicht, daß er nicht die Bordwand verkratzt.

Nun die Fock an der Seite backhalten, an der man den Anker aufgenommen hat, und das Ruderblatt zur selben Seite legen. Sobald der Bug genügend abgefallen ist, Fock und Pinne rüber zur anderen Seite, die Großschot anholen und – schon segeln wir wieder.

Anker auf
Alle Segel sind gesetzt. Der Vorschoter holt den Anker seitlich ein (hier an Backbord) und hält die Fock an Backbord back. Der Steuermann schlägt das Ruderblatt nach Backbord ein. (Merke: Fock und Ruderblatt immer zu der Seite, an der der Anker eingeholt wird.) Die Großschot bleibt los. Das weitere läuft dann genauso ab, wie wir es beim Ablegen von der Boje gelernt haben.

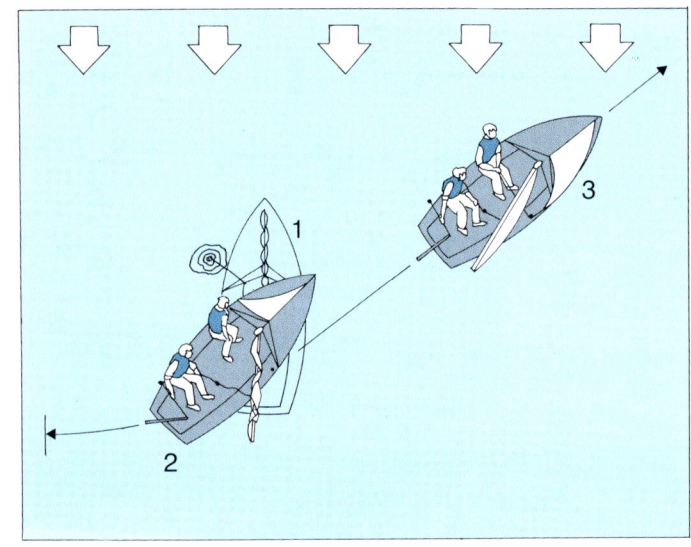

Glückliche Heimkehr ohne anzustoßen

Man kann nun nicht – wie der Fliegende Holländer – bis ans Ende aller Zeiten weitersegeln. Irgendwann muß man an seinen Ausgangspunkt wieder zurück: an seinen Steg, seine Boje oder seinen Uferplatz. Daran sollte man gleich beim Lossegeln denken. Das klingt vielleicht komisch, ist aber gar nicht so selbstverständlich, wie man meinen sollte. Wenn wir mit halbem oder raumem Wind davonsegeln, sind wir in kurzer Zeit irgendwo ziemlich weit draußen auf dem Wasser. Und wir segeln fröhlich weiter und weiter, kalkulierend, daß wir ja gegebenenfalls ebenso schnell wieder zurück sind. Das aber ist ein großer Irrtum, der schon manchem Anfänger zum Verhängnis geworden ist. Plötzlich lag er in der Abendflaute, sein Boot rührte sich keinen Meter mehr vom Fleck, und die Dunkelheit saß ihm im Nacken.

Doch nicht die Abendflaute ist ursächlich schuld an der verhinderten Heimkehr. Auf Kursen mit achterlichen Winden segelt ein Boot am schnellsten. Zwangsläufig bläst uns der Wind auf der Rückfahrt – wenn er nicht inzwischen gedreht hat – ins Gesicht. Das bedeutet, daß wir auf einem viel langsameren Am-Wind-Kurs segeln, wahrscheinlich sogar aufkreuzen müssen. Das aber heißt, wir brauchen ein Vielfaches an Zeit für den Heimweg. Doch endlich kommen Boje oder Steg in Sicht.

Beim Anlegen kommt der bereits gelernte Aufschießer voll zu Ehren. Sie erinnern sich: Anlaufen mit halbem Wind, dann, wenn sich der Bug in Höhe des Anlegeplatzes befindet, so hart Luv-Ruder legen, daß unser Boot etwa eine 90°-Drehung vollzieht.

Glücklich der Segelneuling, der seine ersten Anlegemanöver an einer Boje fahren kann. Wenn er dort nach seinem Aufschießer mit zu viel Fahrt heranrauscht, kann er mit einem schnellen Schlenker die Boje umschiffen und – in aller Ruhe – einen neuen Anlauf nehmen. An einem Steg hingegen gibt's kein Vorbeimogeln. Da sitzt man drauf. Aller-

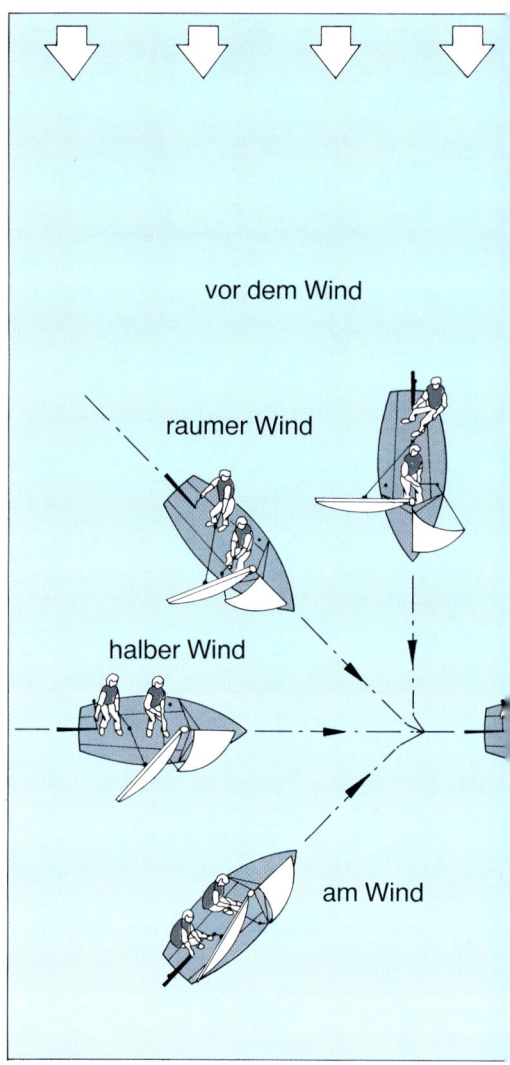

dings – wenn wir sagten, Boote haben keine Bremsen, eine Art Notbremse gibt's schon: Hält man bei zu viel Fahrt geistesgegenwärtig das Großsegel am Baum back, das heißt, drückt es bis ans Want hinaus, bremst das ganz schön.

Anlegen an der Boje

Auf dem Anlaufkurs „halber Wind" birgt der Vorschoter die Fock und legt die Vorleine zurecht. Der Steuermann entscheidet, ob er

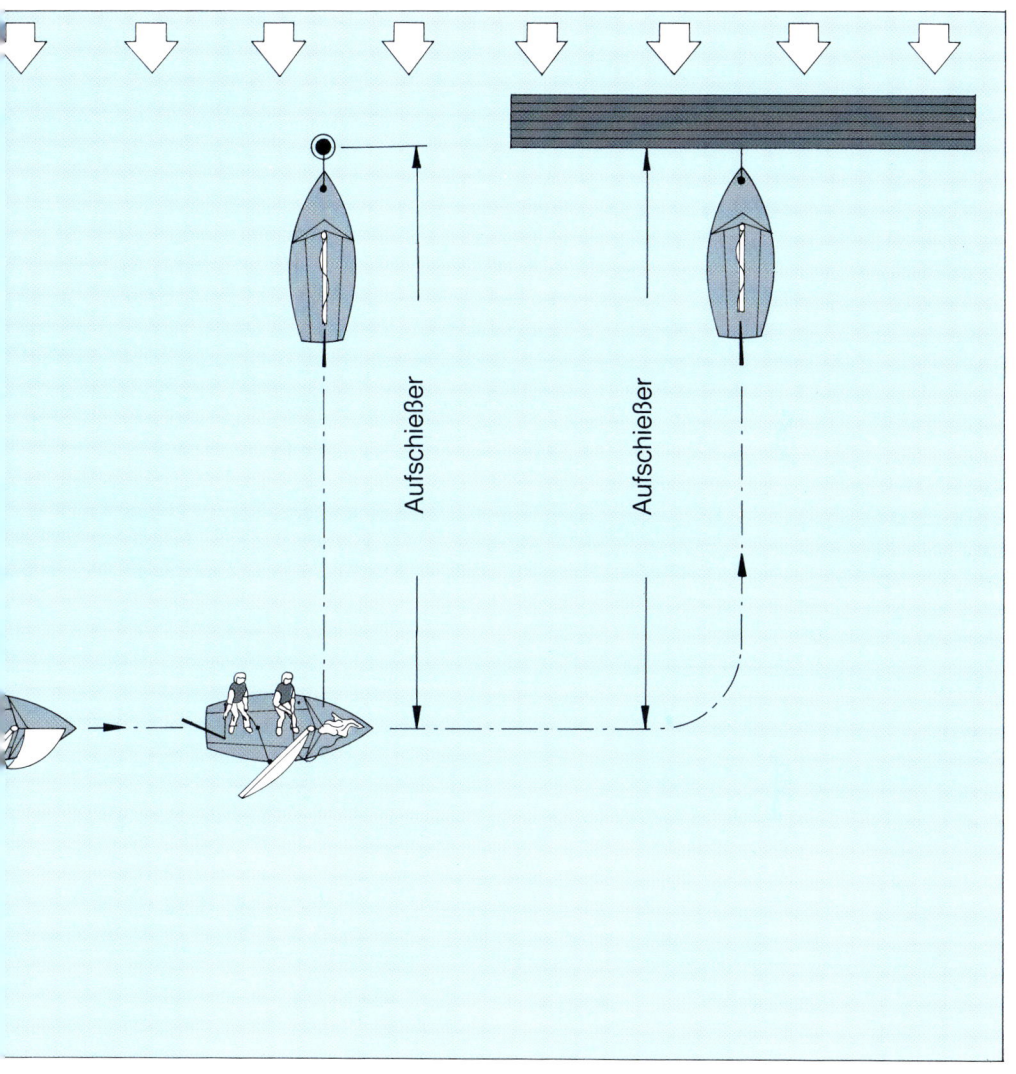

einen Aufschießer oder einen Nahezu-Aufschießer fahren will. Das Anlegen entspricht dann genau einem Boje-über-Bord-Manöver. Nur muß hier das Boot auf jeden Fall in Lee der Boje zum Stehen kommen, damit der Vorschoter sie in Luv fischen und die Vorleine am Auge der Boje festmachen kann. Entweder mit einem Karabinerhaken – das ist die elegantere Lösung – oder mit einem seemännischen Knoten wie einem *Palstek* oder eineinhalb Rundtörns mit zwei halben Schlägen.

1

2

5

Und so sieht so ein Anlegemanöver in der Praxis und aus der Vogelperspektive aus:
(1) Der Wind steht in diesem Fall auf die linke Seite des Steges zu. Das Boot kommt mit achterlichem Wind angelaufen und steuert in Lee des Steges einen (gedachten) Punkt an und beginnt, zum Aufschießer anzudrehen. (2) Der Vorschoter wirft die Fockschot los und begibt sich aufs Vorschiff, um noch während der Phase des Aufschießens die Fock zu bergen. (3) Hier ist es eine Rollfock, die in Sekundenschnelle auf die eigene Achse aufgewickelt werden kann. (4) Die Crew ist einen Halbkreis gefahren. Der Vorschoter macht die Vorleine klar, während der Steuermann das Boot mit killendem Großsegel gegen den Wind auslaufen läßt. Diese Auslaufstrecke kann, je nach Windverhältnissen und Gewicht des Bootes (Masseträgheit), unterschiedlich lang sein. (5) Das Boot steht. Der Vorschoter steigt mit der Vorleine auf den Steg über (und macht sie fest).

Anlegen am Steg

An einem Steg wird man wohl aus Platzgründen immer mit einem direkten Aufschießer anlegen. Das Vorsegel wird ebenfalls vorher geborgen. Übrigens: Wenn Sie beim Aufschießer mal wirklich etwas zu viel Fahrt drauf haben, der Bug einer leichten Jolle läßt sich ganz gut von Hand oder mit dem Fuß abhalten. Nur — Sie sollten sich solche schlechten Manieren gar nicht erst angewöhnen. Denn mit einem schweren Boot gibt's da nichts mehr abzuhalten, und Sie sollten es da auch gar nicht erst versuchen. Da kracht's unweigerlich. Alte Segelhasen — sie können an Jahren durchaus sehr jung sein — berechnen ihren Aufschießer so exakt, daß ihr Boot eine Handbreit vor dem Steg stillsteht. Gerade so, daß der Vorschoter, mit der Vorleine in der Hand, ganz bequem an Land übersteigen kann. Und weshalb sollten Sie das nicht auch hinkriegen?

Hat das Boot einen ständigen Stegplatz mit einem Festmachering, wird die Vorleine mit einem Karabinerhaken zum Einpicken bestückt sein. Andernfalls muß man knoten: eineinhalb Rundtörns mit zwei halben Schlägen, einen *Webeleinstek* oder einen Palstek.

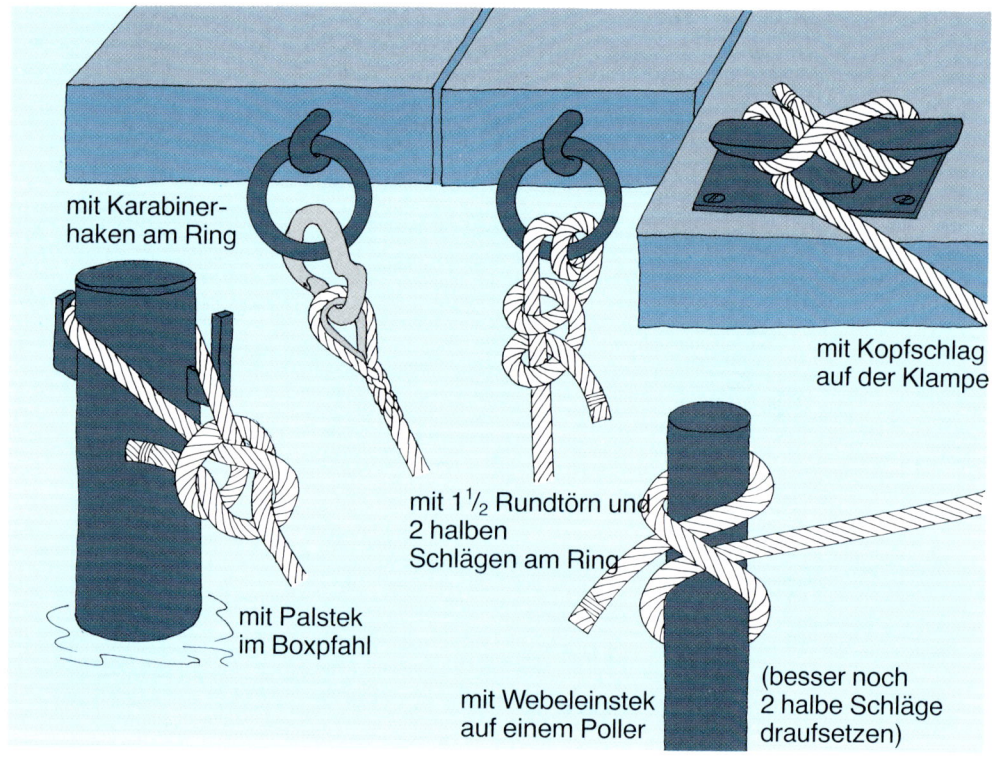

mit Karabinerhaken am Ring

mit Kopfschlag auf der Klampe

mit Palstek im Boxpfahl

mit 1½ Rundtörn und 2 halben Schlägen am Ring

mit Webeleinstek auf einem Poller

(besser noch 2 halbe Schläge draufsetzen)

Anlegen am Ufer

Am leichtesten ist es bei ablandigem Wind. Man kreuzt gegen das Land auf, holt auf dem letzten Schlag Schwert und Ruderblatt, entsprechend der abnehmenden Wassertiefe auf, springt raus und zieht das Boot ans Ufer.
Bei auflandigem Wind gibt es zwei Möglichkeiten: Man fährt vor dem Ufer, in etwa hüfthohem Wasser, einen Aufschießer, holt Schwert und Ruderblatt hoch und beide Segel runter, springt dann ins Wasser, dreht das Boot um und zieht es, den Bug voran, an Land. Eventuell muß der Vorschoter vom Wasser aus den Bug im Wind halten, während der Steuermann die Segel birgt. Das hängt von den örtlichen Wind- und Wasserverhältnissen ab.
Oder aber — wenn der Grund gleich am Ufer steil abfällt — man macht einen Aufschießer im tiefen Wasser und holt dort nur das Großsegel herunter. Dann wird das Boot mit der backgehaltenen Fock gedreht und unter Fock aufs Ufer zugesteuert. Sobald man Fahrt aufgenommen hat, die Fock ebenfalls bergen. Der Vorschoter rafft das Tuch zusammen und hält es runter, damit es nicht wieder Wind

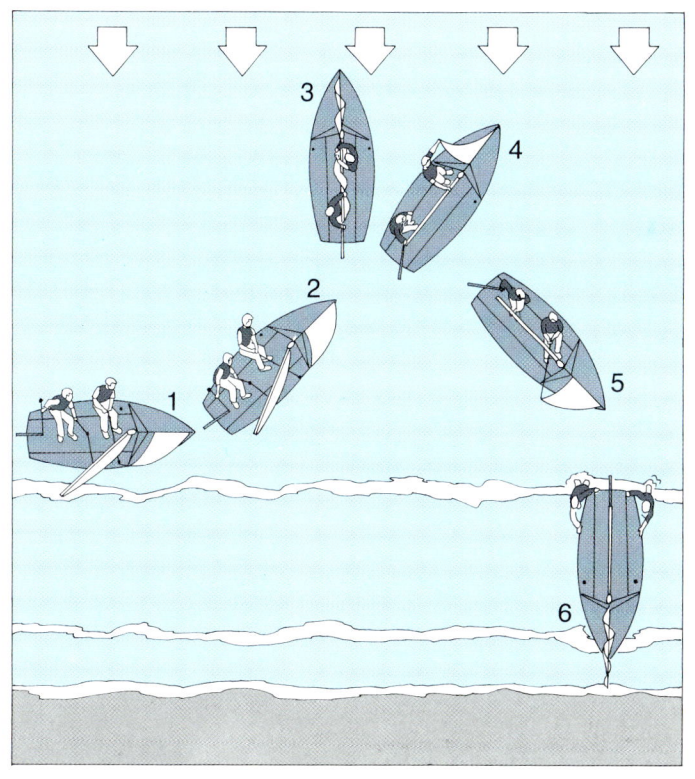

1 Mit halbem Wind parallel zum Ufer anlaufen.

2 Einen Aufschießer fahren...

3 ... und das Großsegel bergen (den Baum abfangen!).

4 Ruder einschlagen und mit der backgehaltenen Fock wenden.

5 Unter Fock auf das Ufer zulaufen, das Schwert ganz aufholen, das Ruderblatt bis auf eine geringe Führung im Wasser aufholen.

6 Fock auswehen lassen und rausspringen und das Boot aufs Land ziehen.

fängt und von selbst am Vorstag hochsteigt. Einfacher ist es, die Fockschot loszugeben und das Segel, wie eine Fahne, nach vorne auswehen zu lassen. Hat man immer noch zu viel Fahrt, springt die Crew, so wie sie Grund hat, raus und stoppt das Boot von Hand ab.

1
Noch einmal den Ablauf im Bild: Anlaufen vor dem Wind, aufschießen und das Großsegel bergen, unter Fock drehen (Bilder unten) . . .

2
... und auf den Strand zusegeln. Diese Crew hat Glück: Ein freundlicher Helfer erwartet sie bereits im flachen Wasser,

3
... stoppt die Fahrt ab und nimmt sie an die „Leine". Die Fockschot wird losgeworfen, das Vorsegel weht aus (hätte auch ebensogut geborgen werden können). Ist das Ruderblatt nicht aufholbar, muß man das Ruder rechtzeitig vor einer Grundberührung aushängen, damit es nicht bricht.

4
Am Strand wird das Boot gleich wieder umgedreht — mit dem Bug in den Wind. Und nicht vergessen, die Fock zu bergen. Länger schlagende Segel verschleißen schnell.

63

Vorsegel *Der Segelkopf ist bereits abgeschäkelt, das Fall wieder belegt. Hier werden gerade die Stagreiter – von oben nach unten – vom Stag abgenommen. Ist die Fock abgeschlagen, wird sie in dieser Weise aufgerollt. Das stählerne Vorliek bildet dabei eine Art Trichter.*

Zwei Arten, das Ende des Falls mit dem Schä[kel] festzusetzen.

Segel bergen

Die Fock haben wir schon vor dem Aufschießer zum Anlegen heruntergenommen. Der Vorschoter hat das Fall von der Klampe gelöst – das Fall nicht auswehen lassen! –, ins Tuch gegriffen und das Segel aufs Vordeck heruntergezogen. Damit es nicht ins Wasser weht, klemmt er es sich zwischen die Beine.

Nun, da wir festgemacht oder das Boot aufs Land gezogen haben, werden die Segel vollständig geborgen beziehungsweise abgeschlagen.

Zuerst das **Vorsegel**. Sie schäkeln das Fockfall vom Segelkopf los, knoten das freie Ende mit dem Schäkel dran in das Fall ein und belegen das Fall wieder auf der Klampe. Dann werden die Stagreiter – von oben nach unten – vom Vorstag genommen und der Segelhals abgeschäkelt. Entweder bleibt die Fockschot dran oder man löst sie von ihrem Schothorn. Das wird unterschiedlich praktiziert. Nun die Achtknoten in den Enden lösen und die Fockschot aus ihren Leitösen ziehen. Danach rollen Sie die Fock am stählernen Vorliek sorgfältig auf, legen den so entstandenen Schlauch locker zusammen und verstauen ihn im Segelsack. Bleibt die Schot dran, wird sie aufgeschossen und aus dem Sack heraushängen gelassen.

Beim **Großsegelbergen** stellen Sie zunächst die Baumstütze – sofern vorhanden – auf und nehmen erst danach das Fall von der Klampe. Sonst würde der plötzlich entlastete Baum mit seinem Ende ins Cockpit fallen.

Großsegel Das Fall fieren und mit der anderen Hand ins Vorliek greifen und das Segel daran herunterziehen, das Vorliek aus der Mastnut nehmen und den Segelkopf abschäkeln. Nicht den Schäkelbolzen ins Wasser schießen und das Ende des Falls mit dem Schäkel in den Mast hochsausen lassen. Typisches Anfänger-Mißgeschick!

Jetzt senkt er sich in die Stütze ab. Beim Großsegelbergen vor einem Manöver auf dem Wasser, wo alles schneller gehen muß, fängt der Steuermann den niederkommenden Baum mit der Hand ab.

Nun das Großfall weiter fieren, bis Sie den Segelkopf aus der Nut im Mast herausnehmen und abschäkeln können. Danach den Schäkel ins Fall einknoten und das Fall wieder auf seiner Klampe belegen.

Auch jetzt gibt es wieder zwei Möglichkeiten: Entweder wird das Großsegel am Baum „aufgetucht" und samt dem Baum mit an Land genommen, oder es kommt in einen Segelsack, und der Baum bleibt am Mast.

Beim Auftuchen beginnt man, das Segel vom Hals aus, Vorliek auf Vorliek, ziehharmonikaförmig in wechselnden Lagen bis hin zum Segelkopf zusammenzulegen. Dabei ist darauf zu achten, daß die Segellatten im Achterliek parallel zum Baum eingerollt werden, da sie sonst das Tuch beschädigen könnten. Die Tuchlagen werden zu einer Rolle eingeschlagen und mit Bändseln oder elastischen Stropps am Baum befestigt. Danach wird die Großschot von ihren Beschlägen an Baum und Boot abgeschäkelt und aufgeschossen und der Baum abgenommen.

Im anderen Fall lösen Sie das Bändsel hinten am Schothorn und vorne den Hals vom Baum und ziehen das Segel nach vorne aus seiner Baumnut. Zum Zusammenlegen wird es an Land ausgebreitet und vom Unterliek ausgehend in fächerförmigen Bahnen zusammengelegt und dann zu einem handlichen Paket zusammengefaltet.

Auftuchen des Großsegels Der Baum liegt in der Baumstütze, das Fall ist abgeschäkelt. Jetzt wird das Tuch, vom Vorliek ausgehend, fächerförmig zusammengelegt, das Kopfbrett kommt oben auf den Fächer. Das verbleibende noch am Baum herabhängende Tuch wird zusammen mit dem „Fächer" stramm auf den Baum aufgerollt und mit Stropps zusammengehalten. Oben rüber kommt zum Schutz eine spezielle Abdeckplane – die Segelpersenning. Es gibt auch noch etwas abweichende Methoden, das Groß aufzutuchen. Hauptsache, es liegt auf dem Baum glatt und fest auf.

Festmachen

Noch bevor wir die Segel endgültig verstauen, wird das Boot richtig festgemacht. Die Vorleine allein genügt nicht zum längeren Festmachen an einem Steg. Meist wird man eine Stegbox mit zwei Pfählen hinten haben, die man sich mit den beiden Boxennachbarn teilen muß. Sehr sinnvoll ist es, zwei Achterleinen in genau passender Länge für die beiden Pfähle ständig parat zu haben. Sie werden mit einem Palstek festgemacht und bei der Ausfahrt einfach über die Pfähle gehängt.

Wird die Jolle an einem Steg längsseits gelegt, macht man mit Vor- und Achterleine fest. Zwischen Steg und Boot kommen *Fender* — das sind Polster von unterschiedlichen Formen und aus unterschiedlichen Materialien —, die den Rumpf vor Kratzern und ärgeren Beschädigungen schützen.

An einer Boje hingegen wird nur mit der Vorleine festgemacht. So kann das Boot frei um die Boje herumschwingen — man bezeichnet das als *schwojen* — und sich jeweils in Windrichtung stellen.

Schwert und Ruderblatt holen wir in jedem Fall hoch, damit sie bei einem Dümpeln des Bootes nicht hin- und herschlagen, und Schwertkasten und Ruderkopf nicht übermäßig beansprucht werden. Die Pinne wird aus dem gleichen Grund mit einer Leine festgesetzt. Auf kleineren Jollen hängt man häufig das ganze Ruder aus, legt es ins Cockpit oder nimmt es mit an Land. Bleibt das Boot länger unbenutzt liegen, wird man es unbedingt mit einer Bootsplane abdecken. Es bleibt dadurch nicht nur äußerlich sauber, der aggressive Schmutz aus der Umwelt greift auch den Bootskörper an.

Ein ereignisreicher Segeltag ist zu Ende gegangen.

Nichts vergessen an Bord?

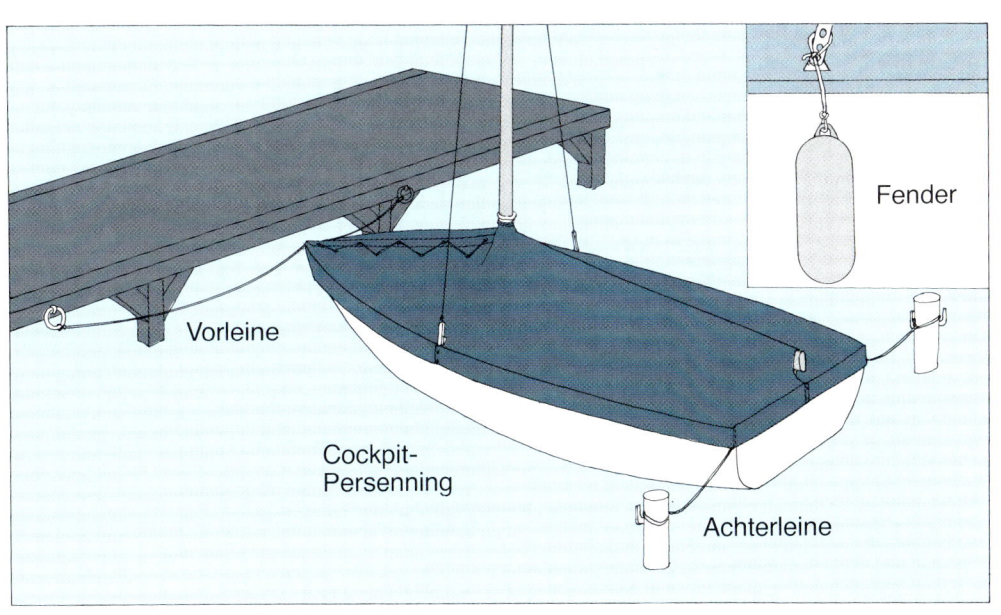

Rechts hat nicht immer Vorfahrt – Ausweichregeln

Bei unserer ersten Ausfahrt haben wir großzügig so getan, als gehörte uns das Wasser allein. Schön wär's, doch leider müssen wir es uns mit zahlreichen anderen „Verkehrsteilnehmern" teilen. Seien es auch nur die anderen Boote der Segelschule oder der örtlichen Bootsvermietung. Einmal ganz zu schweigen von Gewässern, die auch Berufsschiffe kreuzen. So geht es denn nicht ohne gesetzliche Verkehrsregelung. Beispielsweise für die Vorfahrt.

Nicht selten hat man gerade mit seinem Boot abgelegt, und schon kommt einem jemand von irgendeiner Seite in die Quere. Und es erhebt sich die Gewissensfrage: Wer muß wem ausweichen?

Für Segelboote gilt:
– Bekommen sie den Wind von verschiedenen Seiten, hat Backbord-Bug Vorfahrt. Als Bug gilt jeweils die Seite, auf der sich der Baum befindet.
  Kleine Eselsbrücke:
  B(ackbord) vor **S**(teuerbord)
– Bekommen beide Boote den Wind von der gleichen Seite – segeln sie also beide über Backbord- oder Steuerbord-Bug – hat das Leeboot Vorfahrt vor dem in Luv befindlichen.
  Kleine Eselsbrücke:
  L(**e**)e vor L(**u**)v.
– Wer überholt, muß immer ausweichen.
– Motorboote müssen allen Seglern ausweichen, Ruderboote übrigens auch.
– Fahrgast- und Berufsschiffen geht man stets aus dem Wege.

Natürlich gibt es noch eine Reihe weiterer Vorschriften und gesetzlicher Bestimmungen, die dazu dienen, den Verkehr auf dem Wasser in die rechten Bahnen zu lenken. Leider sind sie nicht so einheitlich wie auf dem Land. Es gibt abweichende Regelungen für Binnenschiffahrtsstraßen und für Seeschiffahrtsstraßen, für Rhein, Donau und Mosel, für Seen und Kanäle. Deshalb kann man mit seinem Boot nicht einfach an ein Gewässer ziehen und unbekümmert drauflossegeln. Stets muß man sich zunächst mal nach den geltenden Vorschriften erkundigen: bei der Wasserschutzpolizei, bei einem Wasser- und Schiffahrtsamt, einem örtlichen Segelclub oder dem Fremdenverkehrsverein.

Eine haarige, aber auf viel befahrenen Gewässern gar nicht so ungewöhnliche Situation. Wer hat denn hier nun Vorfahrt?

*Zwei Boote begegnen sich: Rot segelt auf Backbord-Bug, Blau auf Steuerbord-Bug.
Blau ist ausweichpflichtig, fällt ab und geht Rot aus dem Weg.*

*Beide Boote bekommen den Wind von derselben Seite. Blau liegt in Luv und ist
deshalb ausweichpflichtig. Es fällt ab und passiert hinter dem Heck von Rot.*

*Blau ist schneller und im Begriff zu überholen. Es darf Rot dabei nicht behindern.
Das geschieht aber, wenn Blau seinen Kurs beibehält.
Deshalb fällt es ab und geht hinter dem Heck von Rot herum.*

Trapez-Akrobaten

Sie haben das alle sicher schon gesehen: Da zischt eine Jolle vorbei, und der Vorschoter sitzt nicht etwa auf dem Seitendeck, sondern er steht auf dem Decksrand, seinen Körper flach parallel zur Wasseroberfläche ausgestreckt. Diesen „schwebenden" Balanceakt ermöglicht ihm ein Draht, der im Mast hängt und vor seiner Brust an einem Gurt, der mehr einer Art Strampelhose ähnelt, eingehakt ist. Die gesamte Einrichtung nennt sich Trapez.
Das Ende der 50er Jahre aufgekommene, damals geradezu sensationelle Trapez ist heute wichtigste Ausreithilfe, um die modernen, sehr leichten Rennjollen mit ihrer verhältnismäßig großen Segelfläche bei mehr Wind aufrecht oder überhaupt noch segeln zu können. Denn der mit seiner ganzen Körperlänge seitlich außerhalb des Bootes hängende Trapezmann bildet einen viel längeren, dem Winddruck aufs Segel entgegenwirkenden Hebelarm, als wenn er die Jolle nur auf der „hohen Kante" ausreitet.
Eine gute Körperbeherrschung verlangt die Trapez-Akrobatik schon vom Vorschoter. Und ein hervorragendes Zusammenspiel der Crew, das wiederum große seglerische Erfah-

Hier – während einer Regatta – wird Trapez-Akrobatik in höchster Vollendung vorgeführt. Der ausgestreckte Körper des Vorschoters bildet mit dem Mast einen Winkel von etwa 85°. Der Steuermann hält sich im Windschatten des Trapezmannes. So bildet die Crew einen möglichst geringen Windwiderstand, denn wo es um Sekunden geht, da zählt auch so etwas. Aber Trapez-Segeln ist keineswegs nur harter Sport für Regatta-Freaks, sondern macht auch Spaß.

rung voraussetzt. Deshalb steht denn auch Trapezsegeln nicht auf dem Lehrplan für Anfänger. Später vielleicht . . . Denn Trapezsegeln kann ungeheuren Spaß machen. Wer erst einmal „stehend freihändig" im Drahtstropp gehangen hat, wird meistens kaum wieder diese rasante sportliche Art zu segeln missen wollen.

Vielleicht läßt Sie ein erfahrener Steuermann mal einsteigen ins Trapez . . .

Die bunte Blase – Spinnakersegeln

Er ist das beliebteste Motiv aller Wassersportfotografen. Denn zwischen der meist „langweilig" weißen Segelgarderobe schillert er wie ein exotischer Schmetterling: der Spinnaker, kurz Spi oder von den Seglern auch liebevoll Blase genannt. Er ist ein bauchiges Vorsegel aus sehr leichtem Tuch mit einer Fläche, häufig größer als die von Großsegel und Fock zusammen. Sein Zuschnitt hat sich längst zu einer speziellen Wissenschaft der Segelmacher entwickelt, die mit Computerprogrammen angegangen wird. Ein so kompliziertes Segel ist der Spi. Gesetzt wird er mit einem Spi-Baum auf Kursen von „halber Wind" bis „vor dem Wind", und zwar dem Großsegel gegenüber, also in Luv. Fixiert ist

er am Spi-Baum nur mit dem Segelhals. Seinen Stand regulieren zwei Schoten. Ursprünglich nur auf Kielbooten und dort nur auf Rennyachten zu Hause, hat sich der Spi längst auch die Jollensegelei erobert.

Es ist schon eine Kunst, die Unmengen Tuch souverän zu bändigen, sie so zu setzen, daß alles auf Anhieb klar läuft, und sie im richtigen Augenblick wieder zu bergen. Denn ein außer Kontrolle geratener Spi ist auf einer Jolle immer gut für eine Kenterung. Beobachtet man mal, wie so eine routinierte Jollencrew mit den Schoten das Ungestüm der prall vom Wind gefüllten Blase zügelt – das ist manchmal fast wie Rodeo.

Auch Spinnakersegeln steht nicht auf dem Stundenplan des Anfängers. Und Sie sollten sich hier viel mehr ganz einfach an dem farbenprächtigen Bild unter Spi dahinziehender Boote erfreuen, als sich für die spezielle Spinnakertechnik interessieren. Zumal die Ausrüstung mit einem entsprechenden Spi-Geschirr meist ein Privileg von Rennjollen ist. Und das sind dann die höheren Weihen des Segelsports. Aber so viel sei Ihnen verraten: Wer den Bogen erst mal 'raus hat, möchte meistens nur noch ungern eine Jolle ohne Spi segeln. Sie ist für ihn plötzlich langweilig geworden. Denn der Spi bringt Speed und abwechslungsreiche Beschäftigung für die Crew.

Wind und Wetter

Der Wind ist das Antriebsmittel unseres Bootes; Kurs und Geschwindigkeit werden entscheidend durch die Richtung und Stärke des Windes beeinflußt. Vor unliebsamen Überraschungen auf dem Wasser ist man nur sicher, wenn man lernt, die Wetterlage und besonders die Windverhältnisse richtig einzuschätzen und die Veränderungen so rechtzeitig zu erkennen, daß man sich darauf einrichten kann. Andernfalls müssen Sie Ihr Boot vielleicht nach Hause paddeln, oder Sie werden von einem Sturm überrascht und bekommen tüchtig eins auf die Mütze, wie Segler zu sagen pflegen. Dann sind zerrissene Segel und Kenterungen nicht selten. Früher oder später müssen Sie sich als Segler eingehender mit der Wetterkunde beschäftigen. Dabei werden Sie feststellen, daß es sich um ein etwas kompliziertes, zugleich aber auch sehr interessantes Wissensgebiet handelt. Je mehr Sie in die Materie eindringen, Zusammenhänge und Wechselwirkungen erkennen, um so zuverlässiger werden Sie Ihre eigenen Wetterbeobachtungen und Voraussagen machen können. Wer sich bisher noch nicht mit Wetterkunde befaßt hat, muß sich zunächst mit den täglichen Wettervoraussagen in Rundfunk und Fernsehen zufrieden geben. Freilich, sehr viel kann er damit nicht beginnen, weil das Wetter dort viel zu großräumig behandelt wird. Über die Windverhältnisse auf seinem kleinen Segelrevier erfährt er nichts. Weitaus besser ist es da schon, sich bei erfahrenen ansässigen Seglern Rat einzuholen, denn fast überall gibt es örtliche Besonderheiten, die nur derjenige kennt, der dort ständig segelt.

An Küsten und auf größeren Seen beispielsweise findet man manchmal recht ausgeprägte auf- und ablandige Winde. Sie werden hervorgerufen durch die unterschiedliche Erwärmung und Abkühlung von Wasser und Land. So kann man in den Vormittagsstunden eines Sommertages mit leichtem auflandigem Wind (Seewind) rechnen. Er weht relativ konstant bis zum Nachmittag. Selbst wenn es einmal stärker aufbrisen sollte, können Sie immer noch, ohne größere Probleme, auf sicherem Kurs das Ufer erreichen.

Würden Sie bis zum späten Nachmittag auf dem Wasser bleiben, müßten Sie damit rechnen, zunächst in eine mehr oder weniger lange Flaute zu geraten. Danach müßten Sie gegen einen auffrischenden ablandigen Wind (Landwind) aufkreuzen und kämen vielleicht gar nicht mehr vor Anbruch der Dunkelheit heim.

Sollte der Wind aber bereits am Vormittag ablandig wehen, ist Vorsicht geboten. Nicht

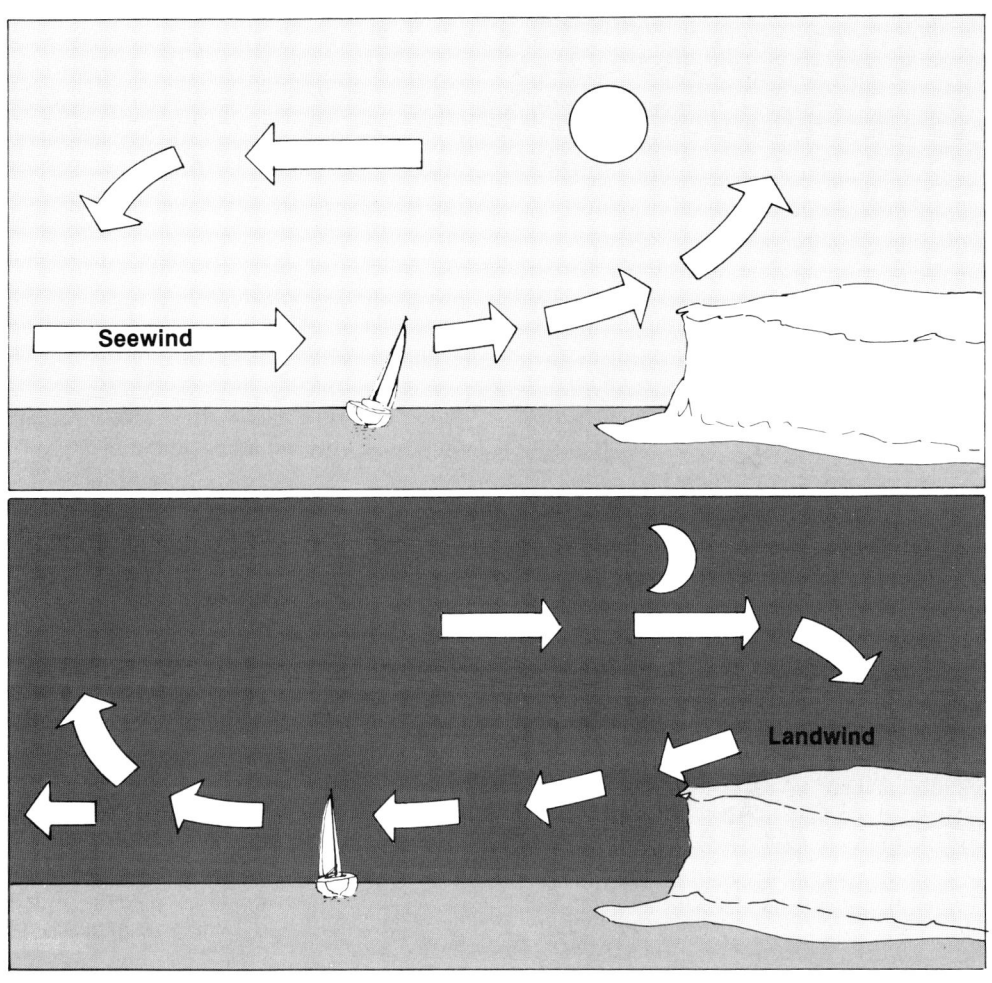

nur, weil der Abstand zum Ufer unbemerkt so groß werden kann, daß man Mühe hat, wieder zurückzukommen. Es ist auch fast immer ein Anzeichen für eine Wetterverschlechterung mit auffrischendem Wind.

Auf Bergseen kann es gefürchtete Fallböen geben – übrigens auch auf Gewässern zwischen Hochhäusern –, und Gewitter beispielsweise werden sich ganz anders ankündigen und auswirken als auf Binnenrevieren im Flachland.

Einige Segelreviere haben Sturmwarnsysteme mit Blitz- oder Blinksignalen, manchmal auch mit Sirenentönen oder Böllerschüssen. Über die Standorte solcher Warnsysteme und die Bedeutung ihrer Signale muß man sich unbedingt vor einer Fahrt auf einem entsprechenden Gewässer informieren.

Dem Boot den Wind aus den Segeln nehmen – reffen

Eigentlich ist es ganz selbstverständlich, daß man nicht aufs Wasser geht – als Anfänger schon gar nicht –, wenn einem der Wind kräftig um die Ohren pfeift. Aber es könnte ja immerhin mal sein, daß man bei einer leichten Segelbrise unbekümmert lossegelte, und plötzlich – woher auch immer – frischt der Wind mehr und mehr auf. Das Boot ist von der Crew, selbst auf der „hohen Kante", nicht mehr auszureiten. Man muß hart an der Pinne arbeiten und immer wieder die Schoten fieren, um den Winddruck aus dem Segel zu nehmen. Das Boot macht dadurch kaum noch Fahrt. Wie kann man sich in einer solchen Situation helfen?

Eine erste wirksame Maßnahme wäre, ein kleineres Vorsegel zu setzen, doch wird man das meist auf einer Jolle gar nicht haben. Man kann die Fock ganz wegnehmen und allein unter Großsegel weiterlaufen. Dadurch verkleinert man die Segelfläche und damit die Windangriffsfläche beträchtlich. Nur hat das einen Haken: Viele Jollen segeln allein unter Großsegel schlecht am Wind. Deshalb verkleinert man die Segelfläche auf andere Weise, und diesen Vorgang nennt man reffen.

Es gibt zwei Arten, das Großsegel zu verkleinern: mit dem Rollreff oder dem Bindereff.
Beim **Rollreff** wird das Segel einfach auf den Baum gewickelt. Das geht aber nur, wenn die Schot entweder hinten am Ende des Baumes oder an einem Schotring sitzt und nicht fest mit dem Baum verbunden ist, wie das auf den meisten modernen Jollen der Fall ist. Außerdem kann man auch den Baumniederholer beim Rollreff nicht mehr fahren.

Sie haben einen Schotring an Ihrem Baum? Gut, dann schießen Sie zum Reffen in den Wind. Der Vorschoter fiert das Großfall, während der Steuermann den Baum um seine Achse dreht und so das Segel aufrollt. Das Vorliek muß unter Spannung gehalten werden, wenn es aus der Mastnut kommt, und nicht auf-, sondern dicht nebeneinander auf den Baum aufgewickelt werden. Man erreicht das, indem der Steuermann beim Drehen des Baumes gleichzeitig das Achterliek ständig nach hinten zieht. Auch muß man darauf achten, daß keine Falten eingedreht werden und sich auch keine Falten in der stehenbleibenden Segelfläche bilden. Hat man das Segel genügend verkleinert – bis zur ersten Segellatte wird meistens ausreichen –, das Fall wieder belegen.

Beim **Bindereff** steht das gereffte Segel besser. Nur, leider haben die wenigsten Jollen eine solche Einrichtung. Sie besteht aus *Reff-*

Wenn eine Jolle sich so stark weglegt – Segler nennen das krängen oder „auf die Backe legen" –, daß die Crew sie nicht mehr ausreiten kann, ist es höchste Zeit, die Segelfläche zu verkleinern. Zwar beeindruckt es Landratten immer wieder gewaltig, wenn ein Boot so „schräg" segelt, aber gut segelt es da nicht. Wie man deutlich an der zum Steuermann herangezogenen Pinne erkennen kann, muß er ständig Lee-Ruder legen, weil ein Boot bei starker Krängung luvgierig wird. Das strapaziert nicht nur die Armmuskeln, sondern es bremst zudem auch ganz schön.

kauschen – metallgefaßten Löchern – in Vor- und Achterliek und meist zwei übereinander angebrachten Reihen von *Reffbändseln* im Segel. Zum Reffen wird das Großfall so weit gefiert, daß die erste Reihe der Reffbändsel bis auf den Baum herunterkommt. Danach können Sie das Fall sofort wieder belegen. Nun das Vor- und Achterliek mit den Reffkauschen stramm auf den Baum herunterziehen und festbinden. Diese beiden Fixpunkte müssen nachher den gesamten auf das Segel kommenden Druck aufnehmen. Danach rollt man das überhängende Segeltuch am Baum auf und bindet es mit den Reffbändseln fest.

Das Reffen sollte zunächst an Land bei ruhigem Wetter geübt werden, damit man es bei einer plötzlichen Wetterverschlechterung auf dem Wasser, und entsprechender Nervosität, sicher und routiniert beherrscht.

Das Ausreffen geschieht in umgekehrter Reihenfolge, indem man das Segel vom Baum abwickelt oder die Reffbändsel und Reffkauschen löst und das Fall wieder neu durchsetzt.

Reffen der Fock Wenn Sie das Großsegel weiter als bis zur ersten Segellatte reffen müssen, sollten Sie auch die Fock verkleinern, damit das Boot wieder besser ausbalanciert auf dem Ruder liegt. Man zieht die Fockschoten aus ihren Leitösen, rafft sie zu einem Bunsch zusammen und wickelt die Fock etwa fünf- bis sechsmal stramm um das Vorstag. Das Fockfall braucht man dabei nicht zu lösen. Danach werden die Schoten wieder durch ihre Leitösen gefädelt und mit Achtknoten gesichert.

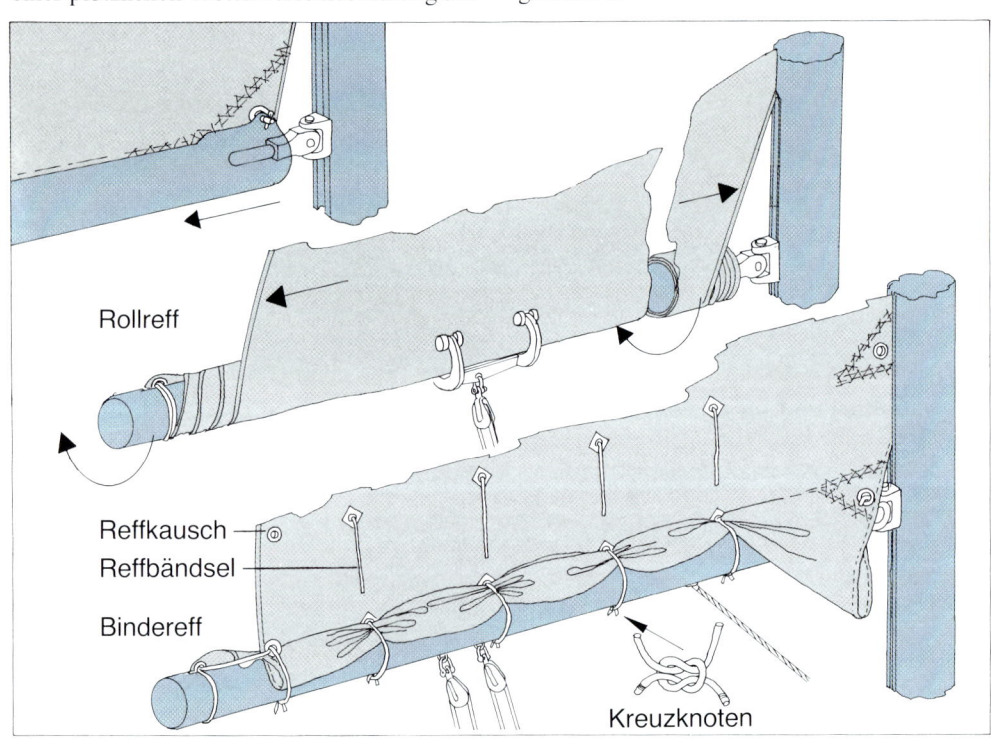

Rollreff

Reffkausch

Reffbändsel

Bindereff

Kreuzknoten

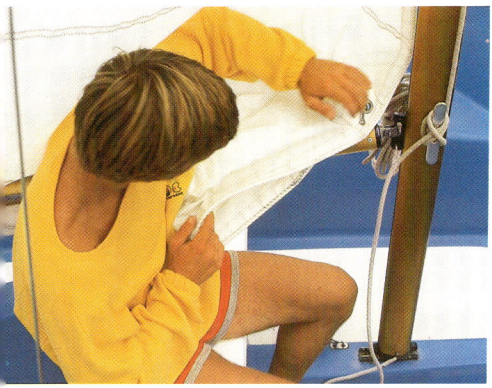

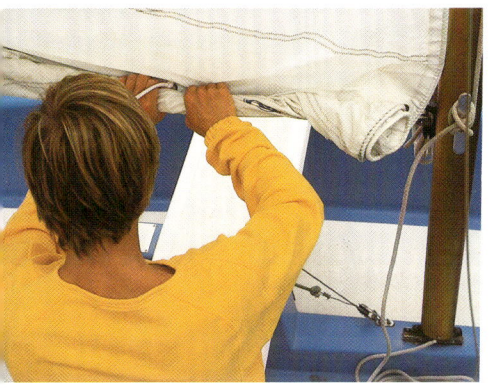

Eine Jolle mit erheblich verkleinerter Segelfläche: Ein Teil der Fock ist ums Vorstag gewickelt, das Großsegel um etwa ein Drittel eingerefft. Sollte der Wind weiter auffrischen, nimmt man die Fock vollständig weg.

1 Die Reffkausch auf den Baum herunterholen und anschäkeln, beziehungsweise über den Reffhaken hängen.

2 Das herunterhängende Tuch zu einer schmalen Wurst aufrollen . . .

3 . . . und mit den Reffbändseln festbinden. In die Reffbändsel kommt ein Kreuzknoten.

Segler für den Naturschutz

Wer wohl sollte mehr an einer heilen Umwelt interessiert sein als der Segler, der in und mit der Natur lebt? Dabei ist es nicht damit getan, keine Abfälle über Bord zu werfen. Gerade der Segler kann viel zum Schutz und zu der Erhaltung der Wasserfauna und -flora beitra-

gen. Segler waren es denn auch, die aus dieser Erkenntnis heraus die folgenden „Goldenen Regeln" für den Naturschutz entwickelten. Sie sollte jeder beim Segeln beherzigen:
– Meiden Sie das Einfahren in Röhrichtbestände, Schilfgürtel und in alle sonstigen dicht und unübersichtlich bewachsenen Uferpartien. Meiden Sie darüber hinaus Kies-, Sand- und Schlammbänke (Rast- und Aufenthaltsplatz von Vögeln) sowie Ufergehölze. Meiden Sie auch seichte Gewässer (Laichgebiete), insbesondere solche mit Wasserpflanzen.
– Halten Sie einen ausreichenden Mindestabstand von 30 bis 50 Metern zu Röhrichtbeständen, Schilfgürteln und Ufergehölzen. Halten Sie einen ausreichenden Mindestabstand zu Vogelansammlungen auf dem Wasser – wenn möglich, mehr als 100 Meter.
– Informieren Sie sich in Naturschutzgebieten unbedingt über die geltenden Vorschriften. Häufig ist Wassersport dort ganzjährig, zumindest zeitweise, völlig untersagt oder nur unter ganz bestimmten Bedingungen möglich.
– Nehmen Sie beim Segeln in „Feuchtgebieten von internationaler Bedeutung" besondere Rücksicht. Sie dienen als Lebensstätte seltener Tier- und Pflanzenarten und sind daher besonders schutzwürdig.
– Nähern Sie sich auch von Land her nicht Schilfgürteln und der sonstigen dichten Ufervegetationen, auch wenn sie den direkten Zugang zum Wasser versprechen. Sie gefährden Brutstätten und Lebensraum von Vögeln, Fischen, Kleintieren und Pflanzen.
– Laufen Sie im Bereich der Watten keine Seehundbänke an, damit die Tiere nicht gestört oder vertrieben werden. Halten Sie mindestens 300 bis 500 Meter Abstand zu Seehundliegeplätzen und Vogelansammlungen.
– Helfen Sie, das Wasser sauber zu halten. Abfälle gehören nicht ins Wasser und auch nicht ins Ufergebüsch. Sie werden in Abfallbehältern gesammelt und mit an Land genommen.
– Sprechen Sie nicht nur über Ihre seglerischen Erfahrungen und „Abenteuer", sondern geben Sie durch Ihr eigenes vorbildliches Verhalten gegenüber der Natur allen anderen Seglern ein gutes Beispiel.

Knotenstunde

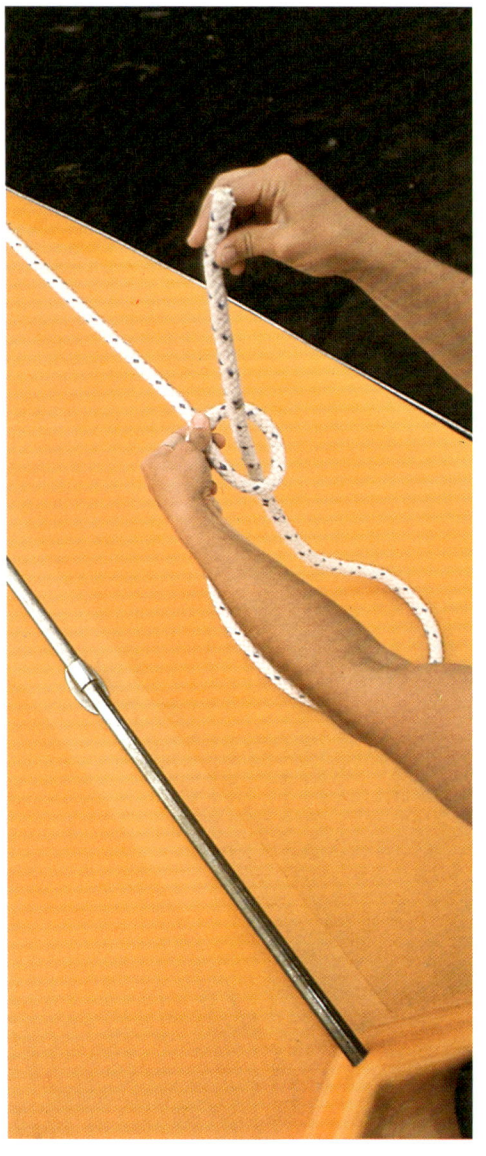

Alles, was zum Festmachen einer Leine oder zum Verbinden von Leinen dient, heißt Knoten oder Stek. Sie müssen
- einfach und schnell herzustellen sein,
- zuverlässig halten und
- sich auch in nassem Tauwerk leicht wieder lösen lassen.

Sie haben eine jahrhundertealte Tradition und werden auf allen Meeren in gleicher Weise geknüpft. Einige seemännische Knoten haben Sie so ganz nebenbei bereits kennengelernt: beim Anschlagen der Fock und beim Festmachen an Boje oder Steg.

Nun soll es Naturtalente geben, die nach einmal Hinsehen einen seemännischen Knoten können. Doch die meisten Menschen zählen nicht dazu und – zum Trost sei's Ihnen gesagt – selbst alte Hasen müssen manchmal, nach der langen Winterpause, zunächst wieder scharf nachdenken, wie denn dieser oder jener Knoten „ging". Deshalb wollen wir sie hier üben. Übrigens, es gibt hinterhältige Segelschulen, die lassen sich die Knoten hinter dem Rücken vorführen. Denn – so sagen solche Segelschulen – in der Praxis muß man die Knoten auch in stockfinsterer Nacht knüpfen können.

Sehen wir uns nochmal an, wozu die einzelnen Knoten dienen:

Auge und Bucht sind zwar keine Knoten, aber Ausgangsbasis für viele Knoten.

Bucht ist ein in Haarnadelform gelegtes Ende.

Auge ist die seemännische Bezeichnung für alle Arten von Schlingen. Es kann ein lose gelegtes Auge sein (wie hier) oder auch ein fest eingeknotetes.

Achtknoten Er kommt stets in den Tampen von Schoten, damit sie nicht aus ihren Blöcken oder Leitösen rauschen.

Tau und Tampen
Seile, Stricke und Schnüre gibt es an Bord nicht. Man spricht bei Fallen, Schoten und Leinen allgemein von Tauwerk. Auf Jollen wird nur noch Kunstfaser-Tauwerk verwendet. Unterschiedlich wie die Verwendung ist auch die Herstellung. 1 Geflochtenes Tauwerk ist weicher und griffiger – „lehnig" –, es wird hauptsächlich für Schoten verwendet. 2 Geschlagenes Tauwerk ist weniger geschmeidig und dehnbar – es hat weniger „Reck" – und bruchfester. Deshalb eignet es sich gut für Fallen und Festmacheleinen. Ein Tau nennt der Seemann Ende, das Ende vom Ende Tampen. Aber auch ein kurzes Ende wird als Tampen bezeichnet. Starkes Tauwerk heißt Trosse, sehr dünnes Bändsel.

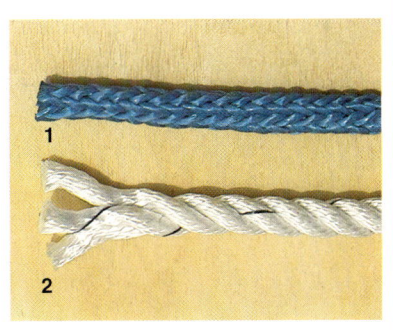

$1^{1}/_{2}$ Rundtörn und **2 halbe Schläge** sind eine Knotenverbindung zum Festmachen an Ringen oder Stangen.

Webeleinstek Er dient zum Festmachen an Pollern, Stangen oder ähnlichem. Zusätzlich sollte man ein oder zwei halbe Schläge draufsetzen.

Kreuzknoten Er dient zum Verbinden zweier gleich starker Enden aus gleichem Material. Wichtig: Er muß symmetrisch sein, das heißt, die Tampen müssen auf derselben Seite aus der Bucht des anderen Tampens kommen. Vorsicht, auch wenn er richtig gemacht worden ist, kann er sich in sehr glattem, steifem Kunstfaser-Tauwerk aufziehen.

Einfacher und **doppelter Schotstek** Beide verbinden zwei ungleich starke Enden oder Enden aus ungleichem Material. Die Tampen müssen sich gegenüberliegen. Bei steifem Kunstfaser-Tauwerk ist unbedingt der doppelte Schotstek zu empfehlen. Auch bei glatten gleich starken Enden sollte man den doppelten Schotstek immer dem Kreuzknoten vorziehen.

Palstek Er ist der wichtigste Knoten an Bord. Mit ihm läßt sich ein beliebig großes Auge herstellen, das sich nicht zusammenziehen kann. Er dient zum Festmachen an Pfählen, Pollern oder auch Ringen. Auch Leinen kann man mit zwei Palsteks zuverlässig verbinden.

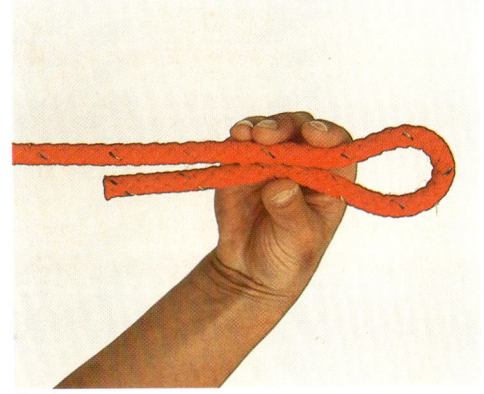

Bucht

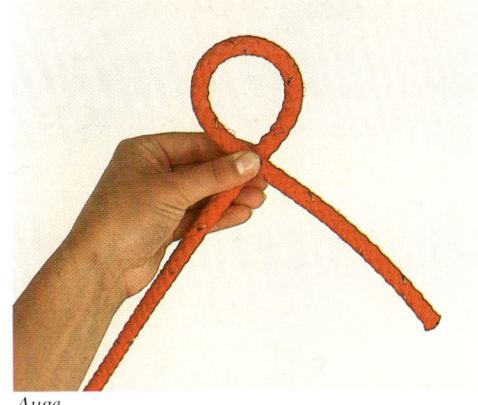

Auge

Achtknoten *Ein Auge legen und mit dem Daumen der Linken bekneifen. Das Ende mit der Rechten fassen . . .*

. . . hinter der Leine rumnehmen . . .

Webeleinstek *So die Leine rübernehmen (mit einem sogenannten halben Rundtörn),*

dann das Ende vorne über Kreuz über die Leine führen . .

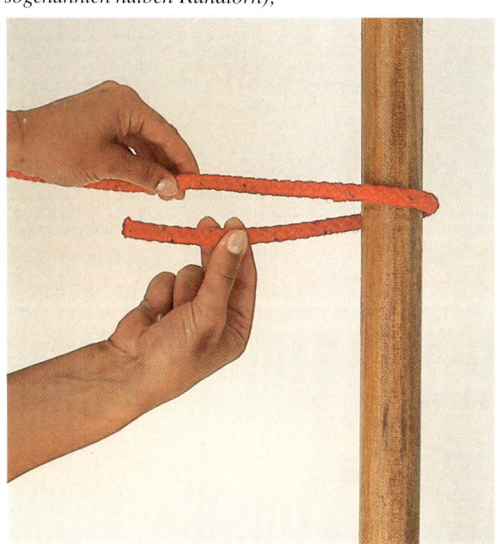 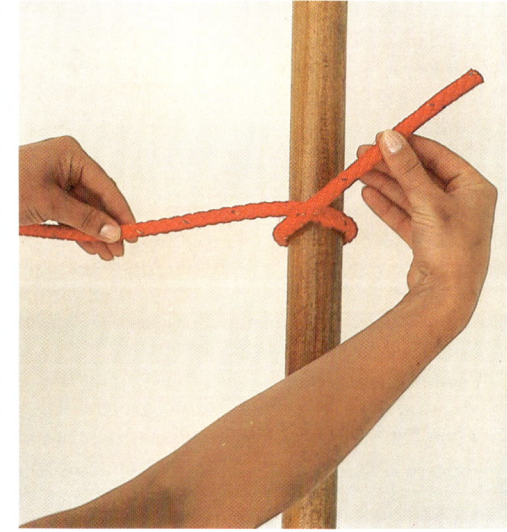

... über den Daumen hinweg ins Auge stecken ...   ... und zusammenziehen. Fertig ist der Achtknoten.

.. hinten um die Stange (oder den Ring) rumnehmen,   durchstecken und zusammenziehen. Fertig ist der Webeleinstek.

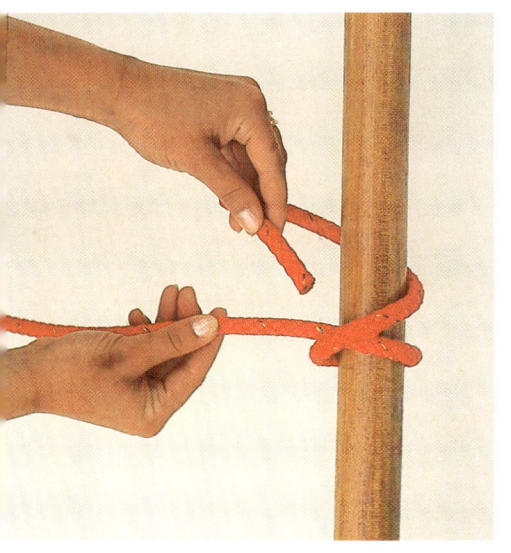 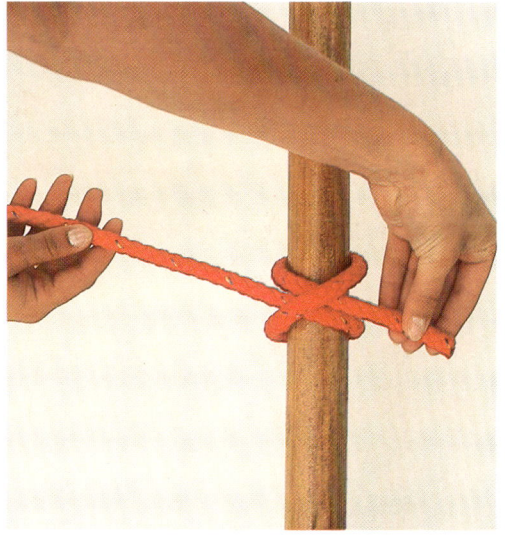

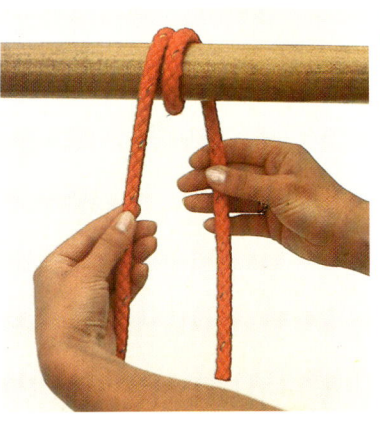

Eineinhalb Rundtörn mit zwei halben Schlägen
So die Leine zweimal rumnehmen ...

So sieht ein halber Schlag aus. Jetzt noch einmal das gleiche:

... das Ende vorne über die Leine rübernehmen ...

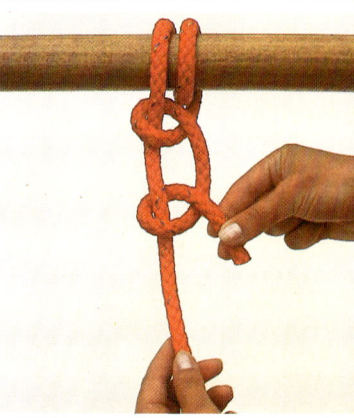

das Ende vorne rübernehmen und von hinten durchstecken ...

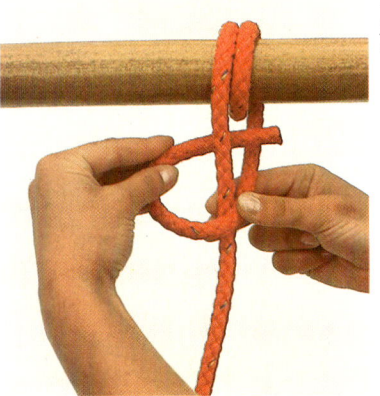

... hinten rumführen und durchstecken.

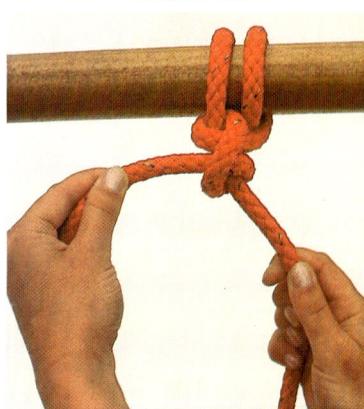

...zusammenziehen, und fertig ist der Knoten.

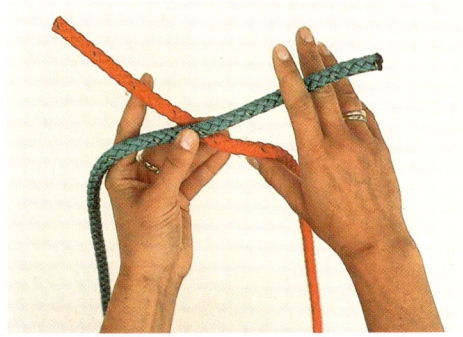

Kreuzknoten *Die beiden Enden über Kreuz legen, das eine Ende (grün) zwischen den Fingern der Rechten, die andere Leine (rot) über den Daumen geführt.*

Nun werden sie noch einmal über Kreuz gelegt, das grüne Ende über das rote,

Eine Drehung der rechten Hand nach rechts . . .

das rote rübergeschlagen und durchgesteckt, so daß zwei Buchten entstehen, die sich umfassen und bekneifen.

. . . und die beiden Enden sind einmal miteinander „verdrillt". Die Linke bleibt währenddem untätig.

Zusammenziehen, und der Knoten ist fertig.

Schotstek *Im Ende der dickeren Leine eine Bucht bilden, die dünnere Leine von unten durchstecken . . .*

Zusammenziehen, und der Schotstek ist fertig.

. . . hinten um das dickere Ende herumführen . . .

Beim doppelten Schotstek: Noch einmal mit dem dünnen Ende hinten um das dicke herumgehen . . .

. . . und unter sich selbst durchstecken, über das dickere Ende hinweg.

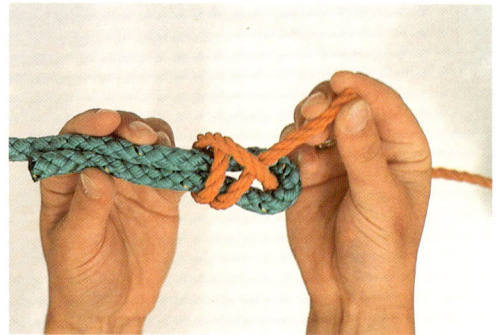

. . . ein zweites Mal unter sich selbst durchstecken und erst danach zusammenziehen.

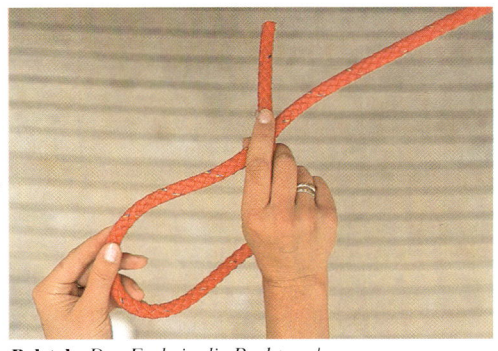

Palstek Das Ende in die Rechte nehmen, parallel zum Zeigefinger legen, mit dem Daumen die Leine untergreifen . . .

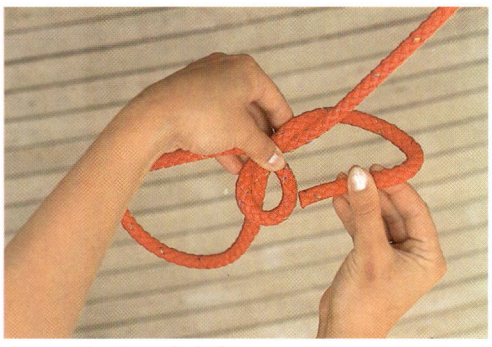

. . . und damit von links hinten um die Leine rumgehen und . . .

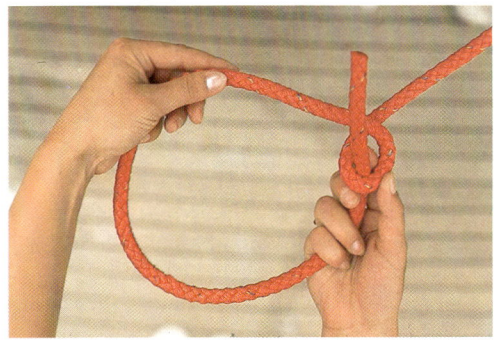

. . . die Rechte nach rechts drehen (Handrücken nach unten). Aus dem so gebildeten Auge sehen Ende und Zeigefinger heraus.

. . . wieder in das kleine Auge reingehen, aus dem es kommt, und zusammenziehen. In glattem Tauwerk . . .

Mit dem Daumen der Linken das kleine Auge „festhalten", mit der Rechten das Ende nehmen . . .

. . . das Ende gut eine Handspanne aus dem Auge heraushängen lassen. Fertig.

Und wie geht's nun weiter?

Sie können nun Segel setzen und Segel bergen, können wenden und halsen und fahren ein astreines Anlegemanöver. Sie haben dabei entdeckt, daß Segeln eine großartige Sache ist, vielleicht die großartigste der Welt? Sie möchten noch mehr davon wissen – noch mehr können? Denn – ehrlich – fühlen Sie sich wirklich schon sicher und erfahren genug, um sich an die Pinne irgendeines Bootes zu setzen und als für alles voll verantwortlicher Steuermann auf Fahrt zu gehen? Da gibt es zum Beispiel auch einigen gesetzlichen Kram, mit dem man sich auskennen muß, will man sich keinen Ärger einhandeln. Vielleicht auch erwachen in Ihnen segelsportliche Ambitionen? Es reizt Sie, Ihr seglerisches Können mit anderen in einer Regatta zu messen? Dafür benötigen Sie einen Segelführerschein des Deutschen Segler-Verbandes. Auch wer im Urlaub im Ausland segeln oder im Inland ein Boot mieten will, braucht häufig diesen Segelschein.

Es gibt den amtlichen Sportbootführerschein Binnen und einen Führerschein R für die Segelei im unmittelbaren Küstenbereich. Sie sind in ihren praktischen Anforderungen identisch. Nur bei den gesetzlichen Vorschriften gilt es Unterschiedliches zu lernen. Es ist sicher nützlich, so ein Papier zu haben. Aber nicht nur deshalb empfiehlt sich ein „weiterführender" Sportbootführerschein-A/R-Kurs, sondern man vertieft sein seglerisches Wissen und Können auf einem solchen Kursus ganz ungeheuer. Spaß macht er zudem auch noch.

Aus Seglers Sprachkiste
Was wir in unserem Segelkursus gelernt haben,
hier noch einmal zum Wiederholen zusammengefaßt

Schwert	Senkrechte, höhenverstellbare Platte im Jollenboden	**Vor-/ Achterstag**	vordere/hintere Masthalterungen
Abdrift	seitliches Versetzen durch Wind oder Strom	**Saling**	Wantenspreize
kentern	umkippen	**Püttings**	Verbindung zwischen Bootsrumpf und den Wanten, bzw. Stagen
Crew	Bootsbesatzung		
Katamaran	Doppelrumpfboot	**stehendes Gut**	Sammelbegriff für Stage und Wanten
killen	flattern oder schlagen (der Segel)		
wahrer Wind	der tatsächlich wehende Wind	**Fock**	kleineres Vorsegel
scheinbarer Wind	der Segelwind	**Lümmel**	Verbindung von Mast und Großbaum
Verklicker	Windanzeiger im Masttopp	**Lieken**	die Ränder eines Segels
Steuerbord	die rechte Seite in Fahrtrichtung	**Fall**	Leine oder Draht zum Setzen der Segel
Backbord	die linke Seite in Fahrtrichtung	**Schot**	Leine zum Regulieren der Stellung der Segel
querab	rechtwinklig zur Fahrtrichtung		
Luv	die dem Wind zugekehrte Seite	**Curryklemme**	gezahnte Federklemme zum Festsetzen von Leinen (Schoten)
Lee	die dem Wind abgewandte Seite	**Segelkopf**	die obere Ecke eines Segels
Steuerbord-Bug	wenn das Boot das Großsegel auf der rechten Seite führt	**Segelhals**	die vordere Ecke eines Segels
Backbord-Bug	wenn das Boot das Großsegel auf der linken Seite führt	**Schothorn**	die hintere Ecke eines Segels
		laufendes Gut	Sammelbegriff für Schoten, Fallen und Niederholer
Bug	das vordere Ende eines Schiffes	**Traveller**	Schiene mit Schlitten für die Großschot
Heck	das hintere Ende eines Schiffes		
Spiegel	der (glatte) Abschluß des Hecks	**Baumniederholer**	verhindert ein Steigen des Baumes auf Vorm-Wind-Kurs
Pinne	die „Lenkstange" des Ruders		
Want	seitliche Masthalterungen	**Persenning**	Abdeckplane

Bilge	der tiefste Punkt im Boot	**fieren**	dem Zug auf einer Leine kontrolliert nachgeben
Block	Gehäuse mit einer oder mehreren Rollen, über die Leinen laufen	**Krängung**	Schräglage (eines Bootes)
Ösfaß	Schöpfgefäß	**anluven**	eine Kursänderung zum Wind hin
Achterleine	Festmacheleine am Heck	**abfallen**	eine Kursänderung vom Wind weg
anschlagen	ein Segel an Baum, Mast oder Stag festmachen	**Patenthalse**	unbeabsichtigtes Schiften des Baumes
vertörnen	verwirren (von Leinen)	**luvgierig**	die Neigung eines Bootes, selbständig anzuluven
Klampe	eine doppelarmige Knagge zum Belegen von Leinen	**leegierig**	die Neigung eines Bootes, selbständig abzufallen
belegen	eine Leine festmachen	**wenden**	mit dem Bug durch den Wind gehen
Stagreiter	Schnapper oder Haken zum Anschlagen des Vorsegels am Vorstag	**halsen**	mit dem Heck durch den Wind gehen
Vorschoter	das Crewmitglied an der Vorschot	**schiften**	das Überkommen des Baumes von einer auf die andere Seite
aufschießen	1. Mit dem Boot in den Wind drehen. 2. Eine Leine in regelmäßigen Buchten zusammenlegen	**Baumstütze**	gabelartiges Auflager für den Großbaum
		Fender	Schutzpolster für den Bootsrumpf
Manöver	Tätigkeiten, die eine Veränderung in der Bootsführung bewirken	**schwojen**	Pendeln des Bootes im Wind oder Strom vor Anker oder Boje
		reffen	Verkleinern der Segelfläche
backhalten	ein Segel nach Luv halten	**Reffkausch und Reffbändsel**	Bändsel und Ösen zum Reffen
Backbord-Ruder	das Ruderblatt nach Backbord einschlagen	**Trapez**	Ausreiteinrichtung auf Jollen
Steuerbord-Ruder	das Ruderblatt nach Steuerbord einschlagen	**Spinnaker**	ein leichtes großes Vorsegel für achterliche Winde

Der Grundschein in Frage und Antwort

Die nachstehenden 40 Fragen dienen der Wissenserforschung bei der Prüfung für den Segelgrundschein, den man auf vielen Segelschulen erwerben kann. Aus diesem Fragenkatalog werden 2 Fragebögen mit jeweils 24 Fragen für die schriftliche Prüfung zusammengestellt.
Neben jeder Frage finden Sie eine Modellantwort, die Ihnen bei der Prüfung nur eine Formulierungshilfe sein soll. Es ist also nicht erforderlich, die Antworten auswendig zu lernen. Die Fragen müssen nur sinngemäß richtig beantwortet werden.
Überprüfen Sie anhand der Antworten Ihr erworbenes Wissen nach der altbewährten Methode: Zunächst die Antworten abdecken und erst nachsehen, wenn man's nicht weiß (gilt natürlich auch für alle, die nicht unbedingt Grundschein-Ambitionen haben).

Wie heißen die mit 1–12 bezeichneten Teile der dargestellten Jolle?

1 Verklicker
2 Segelkopf
3 Großsegel
4 Achterliek
5 Lattentasche
6 Schothorn
7 Großbaum
8 (Steuerbord-)Want
9 Großschot
10 Schwertkasten
11 Ruderanlage
12 Vordeck

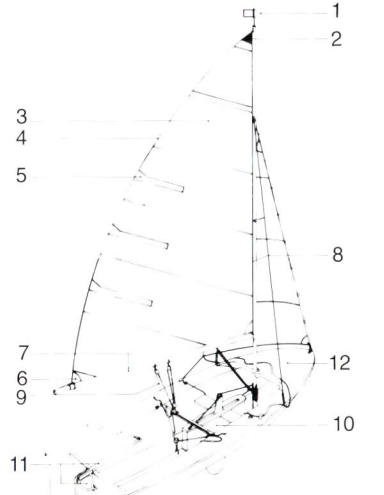

Wie heißen die mit 1–12 bezeichneten Teile der dargestellten Jolle?

1 Verklicker
2 Masttopp
3 Vorliek
4 Vorsegel (Fock)
5 Lattentasche
6 Unterliek
7 Segelhals
8 (Steuerbord-)Want
9 Vorstag
10 Baumniederholer
11 Schwertkasten
12 Ruderanlage

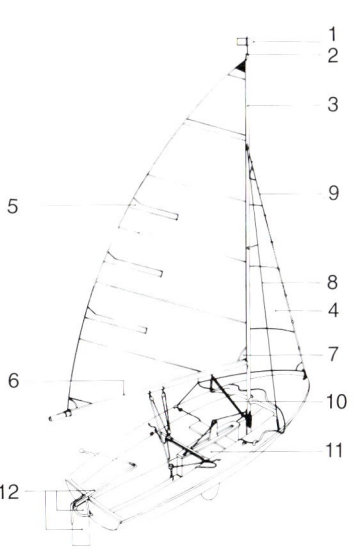

Wie bezeichnet man die Teile der abgebildeten Ruderanlage?	*Ruderpinne, -kopf, -schaft, -blatt, Pinnenausleger mit Gelenk.*

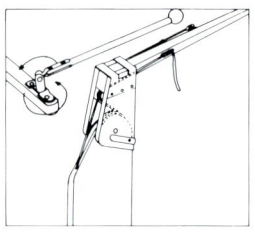

a) Wie heißt der dargestellte Beschlag am Boden einer Jolle und b) wozu dient er?	*a) Lenzventil.* *b) Bei schneller Fahrt wird durch Sogwirkung übergekommenes Wasser abgesaugt.*

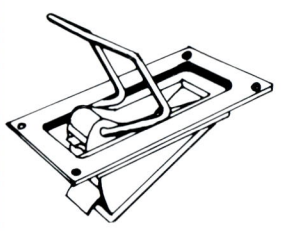

a) Wie heißt die abgebildete Schwertform und b) was müssen Sie beim Gebrauch im Flachwasserbereich beachten?	*a) Klappschwert mit Auf- und Niederholer.* *b) Um Grundberührung zu vermeiden, Schwert nach Bedarf aufholen.*

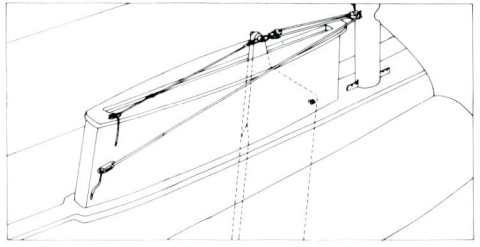

a) Wie heißt die auf der Zeichnung dargestellte Einrichtung zwischen Baum und Mast einer Jolle und b) wozu dient sie?	*a) Baumniederholer.* *b) Sie verhindert das Steigen des Baumes auf raumen bzw. Vor-dem-Wind-Kursen.*

a) Was sind Wantenspanner und b) was wird mit ihnen bewirkt?	*a) Spannschrauben (Verbindung zwischen Want und Pütting).* *b) Spannen (Trimmen) des stehenden Gutes.*

a) Was ist ein Stagreiter und b) wozu wird er benötigt?	*a) Ein Schnapper oder Haken aus Messing oder Kunststoff.* *b) Zum Anschlagen des Vorsegels am Vorstag.*

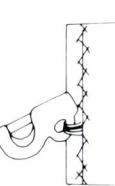

a) Wie heißt die Reffeinrichtung, die Sie in der Zeichnung erkennen?
b) Erklären Sie dazu, wie sie funktioniert.

a) Bindereff.
b) Großfall fieren, bis Bändsel auf dem Baum liegen, Vor- und Achterliek an den Reffkauschen steif durchsetzen, Segeltuch auf den Baum rollen und mit den Reffbändseln festbinden.

Wie bezeichnet man die Takelungsart des hier abgebildeten Segelbootes?

Sluptakelung.

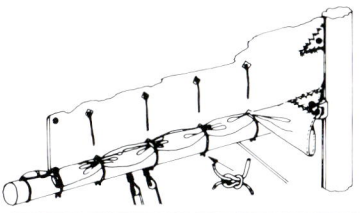

a) Wie heißt die Reffeinrichtung, die Sie in der Zeichnung erkennen?
b) Erklären Sie dazu, wie sie funktioniert.

a) Rollreff.
b) Schotwagen nach achtern schieben, Segel um den Baum einrollen, dabei darauf achten, daß das Vorliek hinter- und nicht übereinander liegt. Dabei das Achterliek kräftig nach achtern holen. Schotring in alte Position bringen; Großfall durchsetzen.

In der Zeichnung sind wahrer Wind (W) und Fahrtwind (F) bereits vorgegeben. Wie heißt die dritte Windrichtung und wo ist sie einzuzeichnen? Ergänzen Sie die Grafik.

Scheinbarer Wind (S).

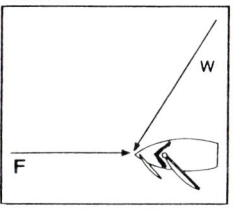
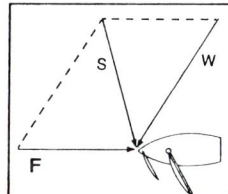

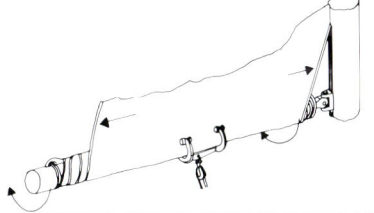

In der Zeichnung sind wahrer Wind (W) und Fahrtwind (F) bereits vorgegeben. Wie heißt die dritte Windrichtung und wo ist sie einzuzeichnen? Ergänzen Sie die Grafik.

Scheinbarer Wind (S).

Wie nennt man die Takelungsart des hier abgebildeten Segelbootes?

Kattakelung.

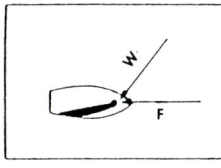
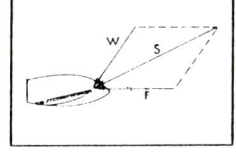

Sie sehen an Land eine wehende Flagge. Tragen Sie in die Grafik die Luv- und Leeseite ein und geben Sie dem Windpfeil den Namen des hier strömenden Windes.

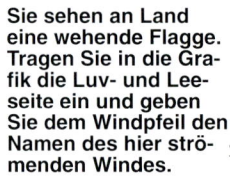

In der Zeichnung sehen Sie 2 Jollen und ihre Segelstellung. Wie heißen die Kurse, die diese Jollen zum Wind fahren?

Jolle A: Kurs am Wind. Jolle B: Kurs halber Wind.

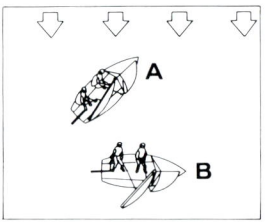

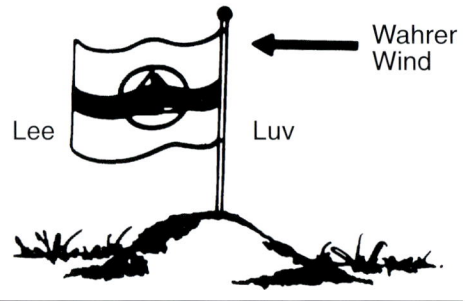

Lee — Luv — Wahrer Wind

Wie nennt man die Kursänderung, die die Jolle in der Zeichnung fährt, und wie ist dabei die Großschot zu fahren?

Anluven; Großschot anholen.

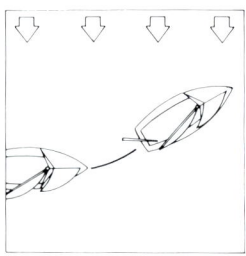

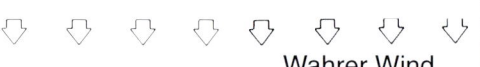
Wahrer Wind

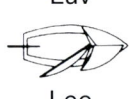
Luv
Lee

Luv
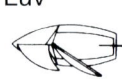
Lee

Wo sind, bezogen auf die in der Zeichnung dargestellten Boote, die Luv- und Leeseite? Tragen Sie die Begriffe in die Zeichnung ein und beschreiben Sie den Windpfeil mit dem Namen des hier strömenden Windes.

Wie nennt man die Kursänderung, die die Jolle in der Zeichnung fährt, und wie ist dabei die Schot zu fahren?

Abfallen; Schoten fieren.

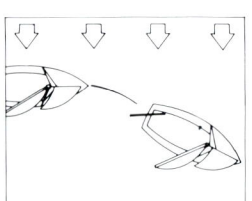

Was ist vor dem Segelsetzen unbedingt zu beachten?

Das Boot muß im Wind liegen und frei schwojen können. Schwert und Ruderblatt fieren.

Welche Sicherheitsausrüstung gehört unbedingt an Bord einer Jolle?	*Für jede Person eine Schwimmweste, Anker, Leinen, Pütz (Ösfaß), Rettungsmittel, Paddel.*
Was bedeutet „fieren"?	*Kontrolliertes Lösen von Leinen.*
Was bedeutet „killen"?	*Flattern des Segels im Wind.*
Was bedeutet „backhalten" eines Segels?	*Das Heraushalten eines Segels gegen den Wind (nach Luv).*
Was bedeutet der Begriff „schiften"?	*Auf einem Kurs vor dem Wind das Großsegel von einer Seite auf die andere nehmen.*
Was ist eine Wende?	*Wechsel der Windseite; mit dem Bug durch den Wind gehen.*
Was ist eine Halse?	*Wechsel der Windseite, wobei immer das Heck durch den Wind gedreht wird.*
Sie segeln auf Boot A. a) Wer ist ausweichpflichtig? b) Warum? Wie heißt die Ausweichregel?	*a) Boot B. b) Segelfahrzeuge mit Wind von Backbord müssen Segelfahrzeugen mit Wind von Steuerbord ausweichen.*

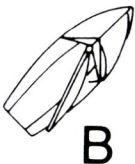

Sie segeln auf Boot B. a) Wer ist kurshaltepflichtig? b) Warum? Wie heißt die Ausweichregel?	*a) Boot A. b) Wenn zwei Segelfahrzeuge den Wind von derselben Seite haben, muß das luvwärtige Fahrzeug dem leewärtigen ausweichen.*

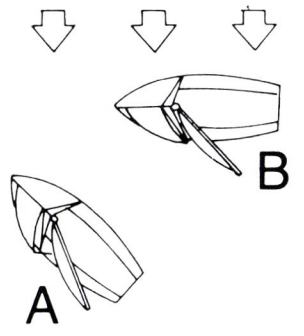

Sie segeln auf Boot A. a) Wer ist kurshaltepflichtig? b) Warum? Wie heißt die Ausweichregel?	*a) Boot B. b) Wenn zwei Segelfahrzeuge den Wind von derselben Seite haben, muß das luvwärtige Fahrzeug dem leewärtigen ausweichen.*

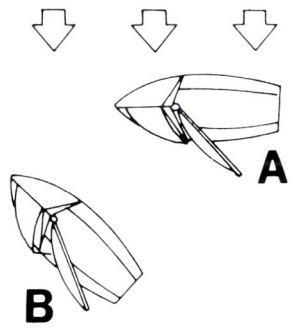

Zwei Kleinfahrzeuge bewegen sich aufeinander zu. a) Wer ist ausweichpflichtig? b) Warum?	a) Boot B. b) Kleinfahrzeuge unter Motor weichen Kleinfahrzeugen unter Segel aus.

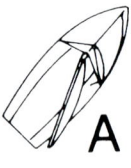 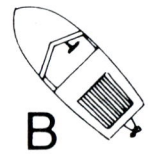

Sie segeln auf Boot B. Boot A versucht Sie zu überholen. a) Welches Boot ist ausweichpflichtig? b) Warum? Wie heißt die Ausweichregel?	a) Boot A. b) Das überholende Fahrzeug muß sich freihalten (muß ausweichen), darf nur an der Luvseite überholen und den übrigen Verkehr nicht gefährden.

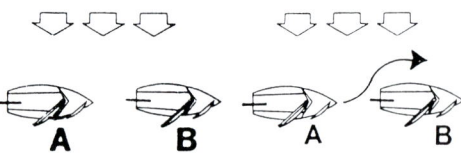

Zwei Kleinfahrzeuge bewegen sich aufeinander zu. a) Wer ist kurshaltepflichtig? b) Warum?	a) Boot A. b) Kleinfahrzeuge unter Motor weichen Kleinfahrzeugen unter Segel aus.

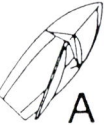 

Ihr Boot ist gekentert. Wie verhalten Sie sich?	Ruhe bewahren; Vollzähligkeit der Besatzung prüfen, versuchen Boot aufzurichten; wenn erfolglos, am Boot bleiben, nicht wegschwimmen! Warten bis Hilfe kommt, gegebenenfalls Notsignal geben.

Sie segeln auf Boot A und werden von Boot B überholt. a) Wer ist kurshaltepflichtig? b) Warum? Wie heißt die Ausweichregel?	a) Boot A. b) Das überholende Fahrzeug muß sich freihalten (muß ausweichen), darf nur an der Luvseite überholen und den übrigen Verkehr nicht gefährden.

a) Wo können Sie Wetterinformationen erhalten und b) wann holen Sie diese Informationen ein?	a) Wetteransage der Post, Radio, Fernsehen, Hafenmeister, Zeitung. b) Vor Antritt einer Fahrt in neuen Revieren; bei unsicheren Witterungsbedingungen.

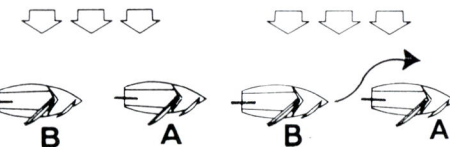

Weshalb sollten Sie seichte Gewässer in dichtbewachsenen Uferzonen meiden?	Hier befinden sich Brutstätten von Vögeln und Laichgebiete von Fischen und deren Nahrungstiere.

Welche Manöver können Sie anstelle einer Halse fahren? (Zeichnung)	*Die Q-Wende.*

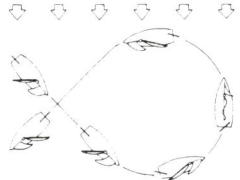

Welche Vorteile hat beim Anlegen ein „Nahezu-Aufschießer" gegenüber einem direkten Aufschießer?	*Boot kommt nicht ganz zum Stillstand. Durch kontrolliertes Fieren und Anholen der Großschot kann Fahrt weggenommen, bzw. aufgenommen werden.*

Wie heißen die drei besonders schützenswerten Bereiche der Uferzone, die in der Grafik zu erkennen sind? Wie verhalten Sie sich dort?	*Röhrichtzone, Schwimmblattzone, Unterwasserzone. Ankern und baden verboten, vorgeschriebenen Abstand halten; 10 Goldene Regeln für den Natur- und Umweltschutz beachten.*

Den Sportbootführerschein Binnen Segel/Motor

erreichen Sie in Theorie und Praxis leicht mit diesem Buch derselben Autoren Heinz Overschmidt und Ramon Gliewe.
Lerngünstige kurze Abschnitte und eine reichhaltige und zweckmäßige Illustration begünstigen das Lernen und Behalten auch solcher Themen, die von sich aus weniger eingängig sind.
Der Lehrstoff für die Motor-Zusatz-Prüfung gehört ebenfalls zum Inhalt des Buches.
Es ist in jeder Weise eine optimale Hilfe bei der Vorbereitung auf Ihren ersten DSV-Führerschein.
220 Seiten mit 520 farbigen Abbildungen, gebunden. – Erhältlich im Buch- und Fachhandel.

 Delius Klasing Verlag